シリーズ こころとからだの処方箋

青少年のこころの闇

―情報社会の落とし穴―

監修●上里一郎
著●町沢静夫（町沢メンタルクリニック）

ゆまに書房

監修にあたって

二十一世紀は心の時代だと言われる。いわゆる先進国では、物質的には充足されているが、生きる意味や目標を見つけることができずにいる人々が少なくない。

グローバル化や科学技術の著しい進歩により社会は激しく変動しており、将来を予測することが困難になっている。例えば、労働環境一つを取ってみても、企業は好収益を上げていても、働く者個々で見るとその労働環境は著しく厳しいものになっている。それは、過重な労働条件・リストラの進行・パート社員の増加などに見ることができる。極端な表現をすれば、〝個人の受難の時代〟の到来といえるかもしれない。労働・地域・社会・家族など、私たちの生活の中に、このようなめまぐるしい変化は影を落としている。自殺者・心身症・うつ・犯罪の若年化や粗暴化などといった社会病現象の増加はその影の具現化でもある。

このシリーズ「こころとからだの処方箋」はこれらの問題に向き合い、これを改善するため、メンタルヘルスの諸問題を多角的に取り上げ、その解決と具体的なメンタルヘルス増進を図ることを主眼として企画された。

テーマの選定にあたっては、人間のライフサイクルを念頭に、年代別（青少年期、壮年期、老年期など）に生じやすい諸問題や、ドメスティック・バイオレンスや事故被害、犯罪被害といった今日的なテーマ、不眠や抑うつなど新たな展開を見せる問題などを取り上げ、第一線の気鋭の研究者、臨床家に編集をお願いした。一冊一冊は独立したテーマであるが、それぞれの問題は相互に深く関連しており、より多くの巻を手に取ることが、読者のより深い理解へと繋がると確信している。

なお、理解を助けるため、症例の紹介、引用・参考文献などを充実させ、また、専門用語にはわかりやすいよう注記を施すなどの工夫をした。本書は、医学・心理学・看護・保健・学校教育・福祉・企業などの関係者はもとより、学生や一般の人々に至るまでを読者対象としており、これら各層の方々に積極的に活用されることを願っている。

上里一郎（あがり・いちろう　広島国際大学学長）

はじめに

現代において日本の青少年は、ますますその特有の問題性が顕著になっている。すでに何度も指摘されている「キレる」とされる衝動、将来に目標を持たない刹那主義、ないし虚無感、そのような基本的な気分の傾向は、青少年の反社会的な問題、あるいは凶悪事件と結びついている。さらにセックスの商品化も、虚無感と密接に結びついているであろう。社会学的にまとめるとこのような傾向は、消費社会、情報化社会、自由社会の矛盾点が引き起こすものと考えられる。本書はこのような傾向をより具体的に呈示するものである。

財団法人日本青少年研究所は、二〇〇四年九月から一二月にかけて日本・アメリカ・中国の三国の三五の高校で、生き方の意見に対する調査を行った。これによると、「若い時は大いに楽しむものだ」は、日本が51％と一番高く、次いでアメリカの40％、中国の20％となっている。「未来は輝いている、まあ良い方」は、日本は54％で三国中一番低いもので、アメリカが69％、中国80％である。さらにまた、「結婚しても、家族の犠牲になりたくない」は、日本が一番多く31％、アメリカが23％、中国が14％である。このような結果を見ると、日本は、非常に個人主義傾向が強まっており、しかも享楽的傾向が一番三国の中で高い。今現在を楽しむというのは、ずっと以前から、このような調査をすると必ず現れる結果であり、日本は刹那的、虚無的、享楽的、という青年がきわめて多いことがわかる。日本は豊かさの中の個人主義で、目標を失いがちであり、生きる意味が希薄になっていると考えられる。このようなことは、青少年犯罪の大きな背景の一つになっている。

【目　次】

第1章　情報社会の混迷

1 情報社会の病理

青少年犯罪の増加、しかも低年齢化、凶悪化という傾向は近年ほぼ固まっている。このような傾向の原因として、当然まず考えられることは、情報社会が急速に展開し、ますます低年齢の子どもたちへも情報社会の波が押し寄せていることである。もちろん子どもにとって健全な情報も流れているのであるが、悪い情報も同じように急速に流れていってしまっているのである。このような情報化社会をわれわれはコントロールできるであろうか。

ともかく青少年犯罪の大きな原因の一つは情報化社会であり、インターネット、テレビ、コミックス、ビデオ、といったような媒体は、視覚的に情報を伝え、その影響力が大きなものであることは間違いがない。もう一つは、もっと一般的な問題で、消費社会の過剰な発展ということである。すべてが揃い、いつでも手に入る便利さは、われわれの欲望をそそるばかりであり、それをうまくコントロールできるように、人間が追いついていかないことが大きな問題である。このような社会にあっては、青少年の欲求は高まるばかりである。しかも労働もせず、努力もせずに、親からもらうお金だけでモノを手に入れてしまい、その欲望を簡単に満たしてしまう。

コンビニ、自動販売機、インターネットオークションなどは、その傾向を強めるものであろう。これは彼らも気づかないうちに虚無感や生きる意味の希薄さ、自殺念慮、という形にふくらんで次第に表面に出ていくことになる。何でも手に入るということは、努力なき社会であり、生きる欲望を低下させる。その結果、彼らはただ強い刺激だけを求めるようになる。このようなことが、青少年犯罪の増加、凶悪化、若年化の原因になっていると考えられる。

ここである症例を紹介してみよう。家庭内暴力でやって来た青年である。大学在学中であり、工学部電子工学の専攻であった。彼は不動産業で成功した大富豪の家に生まれた。他に姉妹が二人おり、彼は長男である。当然、小さな時から母親に溺愛され、おもちゃは簡単に手に入らないものを——ちょうど、新潟の少女監禁事件の佐藤被告（↓179ページ）のように、たくさん所有していた。近所の子どもたちは、そのおもちゃを珍しがって集まってきた。だが、彼そのものには皆あまり興味がなかった。というのは、彼は小さい時から人の気持ちをくむ、理解するなどの共感性がなく、共同の遊びや作業ができないという問題点があった。

中学生の時には、日本でも最高級の自転車を買ってもらい、ゆうゆうと町を滑走していた。また、「星を見たい」と言うと、母親は大学の研究用の天体望遠鏡を買い与えたのである。かくて大学に入学するが、今度は高級自動車に関心が移っていった。同時にコンピュータへの興味が非常に強くなり、小学校の頃から興味を持って自分でも作っていたのだが、やがて最先端のコンピュータを手に入れるのであった。さらにいつも学期末の休みには、世界中を旅行していた。ヨーロッパ、アメリカ、カナダ、行っていないところがないというほど色々なところに行っていたのである。

しかし卒業し入社した大企業で、彼はそこで皆と調和して働いていくことはできなかった。自分の考えでどんどん進めてしまって、上司の言うこともまったく無視するという有様であった。そのために、ある飲み会の時に上司と喧嘩となってしまい、上司に殴る、蹴るの強烈な暴力で瀕死の重傷を負わせてしまった。会社内でのことなので、このことは隠されて犯罪とはならなかったが、犯罪とされてもまったく不思議でない事件であった。かくて彼は会社を辞めさせられ、一人で家にいることになった。そして今度は家庭内暴力を起こし、家の中のさまざまな器具、テレビ、ステレオ、車、パソコン、といったものをすべて壊して、私のところへ来て入院した。このように小さい時から何でも手に入ると、自分の欲望を抑えることができない子どもになってしまうのである。

彼は、消費社会の限りを尽くし、情報社会の限りを尽くしていた。彼の欲望は果てしなく広がり、それは到底抑えることができるものではなかった。母親が抑えようとしても、いや、父親が抑えようとしても、彼の主張に負けてしまうのである。そして最終的には暴力によって、親を退散させてしまった。彼はかくて家の中の王者となり親には家庭で安心できる生活が保証されなくなってしまった。そんな時、彼の入院は強引に行われたのである。このように消費社会、情報社会に逆コントロールされ、自分の欲望に圧倒され、欲望のロボットになっていった彼の姿こそは、まさに現代社会の典型的な病理を体現していると言えるだろう。

次に一八歳の女性を紹介しよう。彼女については、やはり母親が私のところに相談に来た。医者の娘であり、小さい時からあり余るほどのおもちゃ、あり余るほどの洋服やブランドの小物を持っていた。また高校生の時は、医学部受験の準備といって、マンションを買い与えられ、そこから有名な塾に通っていた。しかし彼女はいかに優秀な家庭教師をつけられても意欲に乏しく、働くよりも消費であり、インターネットでさまざまなものを買い集めていた。費やした金額は五、〇〇〇万円にも達し、母親はそれを知り、さすがに叱るのであるが、「分かった」というだけでこの問題はあっさり過ぎてしまうのである。

やがて出会い系サイトで日本海側のある学生と知り合い、二人で外国へ家出して行った。小さい時からのあり余るほどの豪勢な暮らし、欲望を抑える力の欠如、さらにまたそれを後押しする母親、これらは先の例とまったく同じである。インターネットでたくさんのお金を使い、さらにマンションを自分一人で自由に使い、インターネットオークションでの数千万円の損害、最終的にはインターネットの出会い系サイトを利用してハワイに家出して行ったのである。この女性の場合も消費社会、情報社会を股にかけて、結局はその二つの社会に飲み込まれて自分を見失っていった。

彼女は、ものを作る、働く、勉強する、ということよりも、消費すること、特にインターネットオークションにしか興味を持たなかった。彼女や前述した彼のような若者は、情報社会、消費社会の渦に巻き込まれていく典型的な例である。最終的には犯罪まがいのところまで進んでしまうこともある。消費社会が進み、物欲などのすべての欲望が満たされると、特に欲しいものがなくなってしまう人々が多くなる。それによって虚しさというものも起こり、何のために生きているのかがわからなくなってしまうのである。何の欲望も持たずに生きていくということは、高度な知能を持っている人間には虚しさを引き出すだけなのだろう。この虚しさを防ぐには、働いて何かを作りだすという労働が必要なのである。

2　消費社会の病理

昨今の消費社会は、子どもたちの消費が欠かすことのできない要素となっている。テレビゲーム、ゲームソフト、携帯電話、女の子では大人と同じようなさまざまなブランド品、あるいはブランド品類似の物を手に入れることが、この二〇年間できわめて顕著になった。物が手に入らないと、少年はひったくりなどの犯罪に向かいやすく、ひったくりの増加はきわめて著しい。

平成六（一九九四）年、路上強盗　六一二人、ひったくり　八三五件、
平成七（一九九五）年、路上強盗　六一五人、ひったくり　九七三件、
平成八（一九九六）年、路上強盗　七九一人、ひったくり一、三三一件、
平成九（一九九七）年、路上強盗一、一七八人、ひったくり一、五六八件、
平成一〇（一九九八）年、路上強盗一、〇九八人、ひったくり一、八七一件、
平成一一（一九九九）年、路上強盗一、一一一人、ひったくり二、四二〇件、
平成一二（二〇〇〇）年、路上強盗一、一二二人、ひったくり二、一七九件、
平成一三（二〇〇一）年、路上強盗一、一〇三人、ひったくり二、一九〇件、
平成一四（二〇〇二）年、路上強盗一、〇二七人、ひったくり二、一六六件、
平成一五（二〇〇三）年、路上強盗一、二二七人、ひったくり一、九五七件。

このように少年の路上強盗、およびひったくりは確実に増加している［警察庁生活安全少年課、2004］。路上強盗に関しては、平成一五年中に検挙された少年は一、二二七人で、前年より二〇〇人増加し、平成に入り最高を記録した。これは成人を含めた全検挙人員の約七割を占めている。次にひったくりで検挙された少年は、一、九五七人で前年より二〇九人減少したが、これも成人を含めた全検挙人員の約七割を占めている。このように路上強盗やひったくりでの検挙数は、少年が実に七割を占め、ゆうに大人を凌駕《りょうが》している。

このようなひったくり、路上強盗は街頭犯罪と呼ばれており、細かく言うならば、車上狙い、オートバイ盗み、部品盗み、自動車盗み、自転車盗み、自動販売機荒らし、を含めた

八種類の犯罪を言う。これらのいずれも少年が全体の七割を占めているのである。

少年たちの街頭犯罪には、テレビゲームやコンピューターゲームのソフト、携帯電話そのものの需要が高くなったことが影響しているようである。女性が主に望むものは、ブランド的な鞄や靴といったものであり、援助交際などで得た金で買ったり、あるいはまた援助交際で相手の男性に買ってもらうという形になる。どちらかと言えば、使うためではない、飾りとしての物を得る目的のためだけに、少年少女たちはそのような犯罪を行うのである。

さらに集団で中高年の男性を狙い、大金を奪う「オヤジ狩り」が全国的に広がっている。このような子どもが大人を尊敬しない、いやむしろ一人の人間としてすら見ていないことを示す犯罪を見ても、かつて我々が持ちあわせていた年上の人を敬う儒教的な教えは失われつつあると言ってよいだろう。また学校でも、生徒が先生に暴力をふるったり、殺害を犯したり、生徒と先生の格差はかつてよりもきわめて差のないものになっている。またその逆の事件が多発していることも、その証左であろう。

このように、大人と子どもの格差がなくなることによって、大人が未成年の子どもに「タバコを吸ってはいけない」、電車の中で「うるさい」と叱ることができない、という時代、子どもが大人より上になるようなことが往々にして見られる社会になっている。このようなモラルの崩壊傾向には、やはり家庭のしつけの低下が大きく関与しているに違いないのである。さらにまた、すでに述べたように、社会の主役を少年たちに譲っているとも考えられる。山田昌弘［1999］は「日本ほどリッチな生活をしている若者はいない」、「アメリカやヨーロッパの親から自立した若者は、日本の若者のようなお金はない。したがって彼らは質素に暮らしている。しかし日本の若者は実にリッチである。例えばルイ・ヴィトン社の日本の売上は、全世界の60％以上に達し、海外で日本人が買う分を加えれば、ルイ・ヴィトンは日本のパラサイトシングルの支出でもっているようなものである」と述べている。また最近の女子中学生は化粧をしたり、ブランド服やバッグを持って歩いている。子どものブランドのバーゲンでは、母親と小中学生の子どもが会場に殺到し、数万円もするジーンズやシャツが次々と売れていくという。この子ども服のブランドバーゲンには二日間で五千人が殺到したようである［日本経済新聞二〇〇二年七月二二日夕刊］。このように女性は日本の消費社会の中心に立っている。そしてさらに二〇歳を超えるようになって、彼女たちは働かず家にいるだけであり、労働なしに母親たちから小遣いを得て、このような高額なブランド品を買うのである。実に優雅なパラサイトシングルである。

二六歳の女性が外来に通っていた。小さい時からそれこそすべてが満たされており、高校までアメリカやヨーロッパを転々として過ごした。商社マンの娘であり、一人っ子であった。家事は一切せず、ただぶらっと家にいるだけでよかったのである。勉強家というわけでもなく、遊ぶことだけは一応好きであった。日本に帰ってきた時は、すでに二三歳になっていた。日本に帰ってきても、「何もしたくない」「生きていても意味がない」とリストカットを頻繁《ひんぱん》に行い、自殺未遂も二十数回行っていた。

そんな混乱の中で、彼女は結婚した。結婚相手と知り合ったのはスキー場であるが、実はそこへはフィアンセと行ったのである。しかしその別の彼氏、つまり今の夫とそこで知り合うことになり、その場でフィアンセを捨てたのである。実に簡単なフィアンセの取替えであり、その無責任さにも驚かされる。そして二四歳で結婚するが、結婚生活の中身、つまり食事を作る、洗濯をする、といった家事をすべて母親が、朝、高級車ベンツでやって来て、済ませていくのである。彼女もまたベンツに乗っており、買ってもらった当日に高速道路で側壁にぶつけてしまい、破損させている。そしてすぐに二台目を買ってもらっているのである。

このように彼女の生活はものにあふれ、何を目的にしているのか、何が楽しいのか、まったくわからない生活であった。ただ消費するだけが楽しみなのかもしれないが、その消費すら積極的で目立ったものではなく、親から高級車などを与えられるだけであった。その彼女は「虚しい」と何度も自殺未遂をするのである。歩き方もでれっとしていていかにも虚無感がただよう姿であった。人間にとってすべてが満たされてしまうことは、虚無感を生むだけでしかない、このことは、彼女の様子からも、ほぼ間違いないだろう。

このような虚無感は、感覚的な生活、享楽的な生活と正の相関を持っているということは、調査にが示している。いささか古いデータであるが、一九九一年の全国中学生高校生一、八〇〇人のデータを調査したデータがある［町沢、1996］。この調査によると、一番高い反応を示したものは、「私は自分がどんな人間なのかわからなくて困ることがある」というものである。自分のイメージがはっきりしているか、あるいは自分の目標が明確かどうか、あるいは自分に納得して生きているか、という自己同一性の質問に対して、36.7％の人が、「自分のイメージがはっきりしない」と答えている。

われわれはさまざまな価値観の中に生きる自由を持ち、そしてその自由を満喫しているかのようである。だが、その一方で、その自由を重荷と感じ、自分が意識的に選択しなければならない社会は、かえって自分自身をつらくしてしまうようである。これはエーリッヒ・フロム*〔Fromm, 1941〕のいうところの「自由からの逃走」であろう。しかし受身的であればあるほど、さらに虚無的になってしまうのである。

次いで多いのが、「私は自分を見失ってしまう時がある」が27.5％、「私は時々心がばらばらになるように感じる」というような同一性の障害、あるいは精神的な混乱を示す回答も、29.6％の高さである。さらに、「現実と想像の区別がよくわからないことがある」が23.0％も見られ、類似の質問で、「私は気が狂うのではないか、と怖い時がある」は18.1％であった。これらはすでに述べたように一九九一年の調査であり、一六年前のデータになる。しかし、今このデータを見ても、このような精神病的な気質が現代の若者にも依然としてあることが、社会現象や病理からも十分うかがうことができる。また、「私は友人をつくることが下手である」という解答も、23.7％も見られ、対人関係がつくりにくくなっていることを証明している。「私の心は虚しい」という、まさに虚無感の項目は15.9％、さらに、「私は自分を憎んでいる」が15.0％も見られ、いずれも虚無感がきわめて高く、自己肯定ができな

エーリッヒ・フロム（Erich Fromm）
一九〇〇～一九八〇。ドイツのフランクフルトで生まれ、その後アメリカへ渡り、さらにメキシコへ移住する。新フロイト派の代表的存在として、事実上の処女作である『自由からの逃走』をはじめ、多くの著作を発表した。

い人が15％もいる結果は、驚くべきものであった。今この問題を聞いても、やはり同じ反応率と考えられる。すでに述べた、「現実と想像の区別がつかない」というのも、まさに現代の病理であり、精神病的な傾向を示している。

一九九一年の調査（一九九六年発刊）段階ですでにこのような反応がたくさん出ていたということは注目すべきことである。当時このデータは、あまりに病的な反応であり、まさかこんなに高いわけない、として公的な場所での発表を避けたくらいであった。しかし今から見れば、このような反応は当然と考えられるものである。

3　ある集団自殺の背景

二〇〇四年の秋に、ある集団自殺が報道された。その集団自殺の自殺サイトを開いたのは、マリアという多重人格の女性であった。三一歳である。私は彼女を二五歳くらいから診ており、それまで一度も自殺未遂はなかった。しかしその時は自殺志願者を集め、車の中の練炭で一酸化炭素中毒で自殺した。彼女の場合も、やはり現代社会で生きることに何ら希望を持っていなかったこと、集団自殺という形で、虚無感を一挙にはらいのけたかったことが根底から見えてくる。

彼女はミクロの観点から見ると、父親と母親から考えられないほどの虐待を受けていた。

父親からは幼児期からレイプ、つまり性的虐待を受けていたのである。母親からは、暴力虐待、放置（ネグレクト）を再三受けていた。そして小学校、中学校では不登校が多かった。母親が学校に行かせなかったのである。両親は離婚したが、母親が再婚した男性にも彼女はレイプされていたのである。かくて彼女はその家を飛び出して東京でお金を貯めて、アメリカで歌手になろうとした。そして日本に帰ってきたとき有名なロック歌手と結婚した。子どもが生まれた時、多重人格が明確に露呈された。これは、どの多重人格でも同じであるが、主人格マリアはあまり明確な姿を示さなかった。交代人格ユリは、男性の誘惑にきわめて弱く、すぐにその誘惑に乗ってしまう。またミクは、性的な関係に入ると怒りが爆発し、男性を蹴散らすのである。そのほかエリは、交代人格の中のリーダーであるが、非常に冷静沈着で、明晰な頭脳を持っていた。公的な出来事に携わるのがこのエリであった。子どもを生むことで、抑えることができないほど交代人格が現れてしまい、そのことに結婚相手のロック歌手はびっくりしてしまったのである。その後、訴訟によって離婚が成立した。彼女はその後父親のレイプを訴え、勝訴した。私はこのようなことに関わっていただけに、彼女が死ぬことをまったく思いつくものではなかった。むしろ、多重人格の原因である父親のレイプに対して鉄槌を下し、ある意味で勝利を治めたと二人で喜んでいた。したがってこれからの人生を彼女はうまくすれば作れるものであったが、その矢先に彼女は死の道を選んだのである。

彼女はロック歌手との出会いを運命の出会いと考えており、その出会いが離婚になったことですべて人生を捨てたかのようであった。私のところには多重人格を治療するためにやって来たのであるが、どうも気力が乗らず、本当に治りたいのかどうか不明確であった。結局、その当時、彼女は死への気持ちが段々強くなっていったものと思われる。多重人格を治してしっかり生きよう、という未来に対する希望と、離婚をしたのでは生きる意味はない、という絶望。この二つの相矛盾する考えが平行して、彼女の中に存在していたのだと、彼女の自殺の後、考えたのであった。彼女の症状の詳しい説明は、後半に譲るが、このような虐待の話、多重人格の話は、現代の精神病理である。その現代の精神病理の頂点に彼女は立たされ、その犠牲になり、自分をまた現代社会を肯定できず、みんなの集団自殺をリードしていったものと考えられる。

4　現代における自殺の諸相

青少年白書平成一五（二〇〇三）年版［内閣府、2003］によれば、平成一二（二〇〇〇）年度では一五歳から二四歳のうちで一番死亡率が高いのは、不慮の事故であるが、次いでほぼ同じほどの数値で自殺が多くなっている。具体的に自殺のデータを示すと、平成一二年度では一五歳から一九歳までの自殺は、人口一〇万人に対して6.4人であり、平成一三（二〇〇一）年度では6.6人である。ほぼ同じと言ってよい。それが二〇歳から二四歳では、急に自殺率は上がり、平成一二年度は16.0、平成一三年度は14.8となっている。このように二〇歳から急速に自殺が上昇していく。さらに一般の自殺率から考えても、日本では男性は二〇～三〇歳が少し自殺率が高くなっているが、二つ目のピークは五〇～六五歳にある。三つ目のピークは老人期である。女性はピークがあまりはっきりしない。二五歳くらい、次いで五五歳くらいがやや多く、そして老人期になって少し高くなっていく、ということが一応言える。男性と比べると実に緩やかであり、はっきりとしたピークはない。つまり自殺は、女性よりも男性に顕著に見られ、かつ二〇代、五〇代半ば、七〇代、と高くなっている。したがって、思春期、青年期の自殺は、最初に迎える大きなピークなのである。

自殺の増加の原因の一つは中高年の不況による自殺であり、五五歳を中心に増えているものである。二つ目は二〇歳中頃から三〇歳にまで及ぶ、青年たちの自殺である。これは必ずしも不況と結びついているものではない。むしろ昔からある虚無感、生きることの倦怠感、といったものが主になっていると思われる。また昨今は、集団自殺が目立っている。

一九九八年一二月末から次の年の初めにかけて、杉並区の主婦が宅配便で届けられた青酸カリを飲み自殺し、その背後には、自殺系ホームページの関わりがあったと報道された。青酸カリを送った人間は、ホームページの掲示板で薬物の致死量を知りたがる自殺志願者に生真面目に答える一方、求めに応じて七人に青酸カリの入ったカプセルを送った。しかしその男性、日下部リュウジは、主婦の自殺直後に自らの命を絶っている。

このホームページは、Ｄｒ・キリコの診察室と名前をつけられており、この名前をつけたのは、本人でなく別の女性によってであった。Ｄｒ・キリコとは、手塚治虫の漫画のキャラクターから拝借した名前である。「ホームページを作った日下部さんは決してお金のために薬を送ったのではなく、自殺志願者の苦しみに誠実に答えた人物であった。それはメディアが捏造するシナリオとは程遠い姿だ。それこそは、当事者である私にとって、嘘偽りのない人物」とこの女性の書いた文章は終わっている。日下部自身は、次のように書き込んでいる。「誰もが飲むことなく、お守りとしてそれを保管するはずと確信している。言い換えれば、自殺の衝動から解放されるための手段として、幾人かにそれを渡していたと思います」と。しかし、実際送られた女性の一人はそれを飲んで自殺している。そして翌日、日下部も、自分の薬（青酸カリ）で自殺しているのである。

また日下部は、「実際うつ病の人は、『死にたい』『死にたい』と連呼するものですが、どちらかというとその死にたいというのは病気のせいで『自分は死にたいのだ』と思わせているのであって、実際のところは（本人は自覚することはなくても）『死にたい』『死にたい』と言うことによって、自分は生きていきたいというのが実際のところではないのかと、私はそう思っております」と書き込んでいる。確かにそのようなところはあると私も考えている。うつ病の人は、「死にたい」「死にたい」と言っても、「助けられたい」という感情が背景に感じられるものである。しかしそのような病気もなしに「死にたい」と言っている人たちは、からっとした感情の下であっけらかんと「死にたい」と主張し、死んでいくのである。このようにＤｒ・キリコの事件にまつわって自殺した人たちは、ホームページにアクセスすることによって日下部から青酸カリを送ってもらい自殺したのである。

二〇〇三年、二〇〇四年とたて続けに集団自殺が行われているが、それらは皆同じ車に乗り、煉炭によって一酸化炭素中毒で自殺したものである。集団自殺の増加を見ると、自殺者とは、本来、一人では死にたくないのではないか、死の孤独を克服するために集団自殺をしているのではないだろうかと思わざるをえない。実際、自殺はまだまだ個人自殺が多い。だがこのような集団自殺が社会背景をある側面から照らし出しているのは確かである。つまり彼ら、自殺志願者は、死ぬことへの恐怖を持っているのではなく、死ぬという行為を行うことへの孤独感を持っている。それを紛らわすために集団で死のうとするのである。そこには死ぬことが苦しいということはあまりない。あっけらかんと死の道を行き、現実への執着もなく、淡々と死んで行っているのである。このような虚無感、あるいは単純な死への願望、生きることの意味の喪失、といった言わば実存的な理由から彼らは死を選ぶ方向に向かっているのである。こういった傾向には男女差はなく、ほぼ平等のようである。私の精神科外来で自殺し亡くなっているのは、三人が女性で、一人は男性である。これは今まで四年間の数値である。圧倒的に女性が多い。実際、日々、「死にたい」と訴えるのは、圧倒的に女性の方が多いものである。しかし彼女らは、薬をたくさん飲むことによる大量服薬自殺をはかるので、ほとんどは助かっている。しかし男性の場合は、何も自殺について口にせず、首吊り自殺、ビルからの飛び降り自殺、ということをやるので自殺が成功してしまうことが多い。

　ある女性はすでに服薬自殺未遂を一二～一三回行っている。それでも彼女は明るい顔をして私の外来にやって来る。「君、もうこんなことをやっていたら、家族の者が、皆まいってしまうじゃないか」「うん。だから今度こそ成功して死んでいく」「待て、待て。死んでしまったら、もっと家族は悲しむじゃないか」「いいえ、そんなことないですよ、先生」「私なんか死んだって、『ああ、厄介なやつが死んでしまってよかった』と思われるのが関の山です」ということであった。確かにそのような様子は、家族に見られなかった訳ではない。「まあ、でも、当分自殺しないから」と別れる際に私に手を振って、さようならをした。しかし、その二日後、彼女は大量服薬で自殺に成功した。そこには暗さはなく、おかしな言い方だが明るい自殺であった。家族もあっけにとられているだけで、涙を流す人もいなかった。彼女はそのような死を望んでいたのである。

　彼女の背景を考えてみると、まずボーダーラインということで私の外来に来たのだが、そもそもリストカットが頻繁であった。そしてまた大量服薬の自殺未遂が何回かあった。初めは治療に応じ次第に良くなったのであるが、段々悲しむという感情がなくなっていったように思われる。そして大きな声で、「まあ、今度は成功する」と高笑いをするのである。夫とは離婚をしていた。自殺未遂があると、夫はいつも困ったような顔をしていたのであるが、彼女から離婚を言い渡され、ほっとしていたようであった。このような彼女が、ある時、ぱっと自殺したのである。精神科を訪れたということは何らかの病気の可能性が高い。私はボーダーラインと診断した。確かにボーダーラインの人は自殺の完遂率、つまり自殺の成功率は高い人が多いが、あの死の前の明るさは、あまりボーダーライン的ではなかった。いかに自殺が多いといっても、ボーダーラインの人たちも、死の前というものは暗いものである。しかし彼女の場合はきわめて明るく、ピクニックにでも行くかのように自殺しているのである。

またある男性は、進学校の出身で大学受験を試みていたのだが、そのうちすべてにやる気がなくなってしまった。「もうどうでもいいって感じですよね」と彼は言っていた。彼は笑うということはなく、淡々と「いずれ死にたいと思います」と言うので、こちらも答えに窮《きゅう》するものであった。彼は「現実感がない」と言う。そして、「何か空気のような存在ですから、私は死んでも死んだような気持ちがしないでしょうし、生きていても生きているような感じがしないのです。そんな感じなんですよ」と言った。私から見ると、いささか精神分裂病（統合失調症）的な虚無感を感じるものであったが、じゃあ病気だから死にたいか、と言えば、そういうものではなく、ある種の乾いた感情、乾いた感覚で、「死にたい」と言っているように思えた。そしてさようならも何も言わず服楽自殺をして成功している。おそらく彼は、何も後悔はなく、何の遺書もなく、静かに世の中から去ればよいと思って、そのまま去っていったように思われる。

またある女性はうつ病的な側面はあったが、まず母親が川で自殺をしてしまった。その後、彼女は、「死にたい。母のところに行きたい」と盛んに言うようになり、結婚してもその自殺未遂は絶えることはなかった。彼女に、「死にたいの?」と聞くと、「死にたいのか、眠りたいのか、わからないんです」と答えた。このような死にたいのか、眠りたいのか、よくわからない、という返事を、このころからよく繰り返していた。毎日彼女はあまり睡眠がとれないので、大量の睡眠薬を飲んでいたのである。そのことをご主人が知っており、朝、会社に行く時、「おーい、行ってくるからな」と言って、返事があるときは、大丈夫と思って会社に行くのであった。しかしある時、「おーい、会社に行くぞ」という声かけを忘れてしまった——その日こそ、大量服薬をした日だったのである。彼女の場合は、うつ気分が強くて、「死にたい」ということが中核にあったと思われる。しかし、すでに述べたように「眠りたいんだか、死にたいんだか、わからないで薬を飲んでしまうんですよ」と言っていた。実際、私との約束を守って、その当時服薬による自殺未遂は少なくなっていたのである。そのため私も少し気を許して、彼女が「眠れない」と言うので、やや薬を多く出していた時期であった。その時に、それまで残っていた薬を一〇〇錠くらい飲んで、死んでしまったのである。しかも、夫が声かけをしなかったという、夫にしてみれば、とり返しようのない失敗があったと思わせる自殺であった。彼女もまた、確かに「うつがあって苦しい」、「眠れないのが苦しい」と苦しさを訴えるのであるが、顔は笑っていることが多く、主治医の私に冗談を言い、「先生、今日死ぬから、ちゃんと薬をいっぱい出してよ」「冗談じゃないよ。それなら薬出さない」「いやいや、やんないから薬出して」というやりとりをして、にこにこ笑って帰るのである。このように死と戯れている様子、死んでもかまわないという無頓着、あるいは虚無的な感じは、すべて最近の若者の自殺に共通するのではないだろうか。

このようにその背景には生きることに何の意味も見出せないという虚無感があると言ってよいだろう。このような虚無感は、青少年の調査を見てもよくわかるものであり、虚無感や現実と非現実の区別がつかない精神病的な傾向などは段々強くなっている。これまで述べた人たちに見られるような「明るい虚無感」は、一九九一年に私たちが行った中学高校生の一斉調査の中にすでに現れていた［町沢、1996］。また犯罪による殺害は、情緒も何もなく、単に空虚に殺すケースが多くなっている。虚無感とは別の言い方をすれば、自分の存在を感じられないということである。バスジャック事件の犯人も、チャットで他人から「お前には存在感がない」と言われ事件を起こすことを決心した。この「存在が感じられない」ということは、自分が特別に人から知られるような特異な存在感、あるいは価値、尊敬される何かを持っていないということであろう。

つまり彼らの死とは、自殺を死の祭典として盛り上げることで自分の存在を示し、さようならをしていくものである。自殺は最大の自己顕示であり、存在感の確認だとも言えるものである。自分に存在感がないとするならば、自分で努力して、自分なりの親しみの持てる、あるいは、誇れる何かを作る、何かを見出す、というような生産的な活動をすればいいじゃないか、と考えられるものであるが、そのような特異な何か、あるいは存在感を感じさせるようなものを作るには、きわめて難しい時代に入ってしまったのである。このようなところから、彼らは自分の労働の特異性や存在価値を感じるのであろうか、と問えば、多くはあまり感じないと答えるに違いない。しかしこのような機械による生産活動は進歩の当然の結果であり、人間が働かなくてもものが作れるのは理想的であるとも言える。しかしこの理想というものが、実は人間の存在価値を奪っていくものであることが、私たちの文化の皮肉な結果なのである。このようなことを防ぐためにどうしたらよいのかという問題に対する十分な解決を私たちは用意していないだろう。現代人がこの時代に自分の存在価値を感じるために、どうしたらよいのだろうか。それは各自がその答えを見出すしかないものと考えられる。

このように自分の存在価値を高めることでしか、この空虚を免れることができないのは言うまでもない。その問いに対して、決まりきった答えを出すとしても、その答えがステレオタイプ化し、かえって一人一人の存在価値を奪ってしまうことになるだろう。したがって私たちは、自分自身で自分固有の存在価値を高める方法を見出さなければならないのである。このような時代にはきわめて厳しい問いであろう。しかしあえてこれに挑戦していかなければならないのが、現代という時代なのである。

引用・参考文献

Fromm, Erich 1941 *Escape from freedom.* New York：Farrar and Rhinehart.（日高六郎（訳）1951『自由からの逃走』東京創元社）
警察庁生活安全少年課　2004　『少年非行の概要　平成一六年一月〜一二月』
町沢静夫　1996　『飛べないトンボの心理療法』ＰＨＰ出版
内閣府　2003　『青少年白書　平成一五年版』
日本経済新聞　二〇〇二年七月二二日　夕刊
山田昌弘　1999　『パラサイト・シングルの時代』筑摩書房

第2章　ボーダーライン的な時代

1 「現代」という時代

境界性人格障害は、現代に特に多い人格障害である。もっともこれを人格障害ととらえるか境界性症候群（ボーダーライン症候群）ととらえるかという問題は、未だ解決されていない。私はどちらかというと、ボーダーライン症候群とした方が良いと考えている。なぜならば、その症状にはうつ病的なもの、不安障害的なものが多く含まれているからである。

詳細は後述するが、ボーダーラインとは、衝動性、怒りが強く、対人関係が不安定で、虚無感が強いために自殺念慮もまたきわめて強いという症状を持ち、だいたい一〇代後半から二〇代の終わりまでに最もよく見られる。その年齢的なことで言えば、青春の光と影ということになるだろうか。

このような人たちは、その衝動性にいつも悩まされ、また自殺願望があるために、病理としてわれわれの外来に来る人が多い。しかし彼らは概して感受性が高く、知能も決して低いとは言えない人が多いため、治療もかなり神経を使ったものになる。作家で言えば太宰治*などは、典型的なボーダーラインの症状を表している。幾たびもの自殺未遂から、衝動性の高さ、虚無感、それでいて一人でいられないという見捨てられ感（自殺未遂のほとんどが相手をともなっての心中である）などが顕著に見られる。彼の作品には、人間の孤独、そして親密さへのあこがれといったものがよく描かれており、人間の心の裏側、建て前を破った、あるいは見せかけの心の裏にある心の動きが率直に淡々と表現されている。またその文章もきわめて巧妙であり、人間の孤独を表現するという点においては天才的な作家であった。

池田小児童殺傷事件*を起こした宅間守もまた典型的なボーダーラインである。破壊的、衝動的であると同時に、自殺願望が強く、自己同一性に欠け、さらに怒りが強く、また被害妄想的なものも一部見られていた。また彼には、自分は誰よりも立派である、誰よりも精神医学を知っているという自己愛性人格障害*の傾向もあり、また最終的に犯罪を起こしたという点から、共感性に乏しい反社会性人格障害*も含んでいると思われる。しかし根本にあるのは、やはりボーダーラインであろう。

ボーダーラインの人は、衝動的で破壊性が強い。その一方、親密さを強く求め孤独を恐れるというところに、性格の特徴がうかがわれる。生産的な面を考えると、彼らは芸術、特に音楽や文学に向いているところがあるのではないだろうか。音楽の場合その種類はロックや現代音楽など、規定の枠を打ち破ろうとするジャンルに向いているように思われる。ロック音楽に見られる破壊性、エネルギーの発散は、彼らがまさに望んでいる領域であろ

太宰治
一九〇九～一九四八。小説家。青森県出身。『斜陽』、『人間失格』など。

池田小児童殺傷事件
二〇〇一年六月八日、大阪教育大学附属池田小学校に侵入した犯人（宅間守・元死刑囚）が、児童八人を殺害、児童一三名、教諭二名に傷害を負わせた。犯人は殺人罪などで逮捕・起訴後、二〇〇三年に死刑判決を言い渡された。弁護団が控訴するも本人による控訴取り下げ願いがあり、同年に判決が確定。二〇〇四年、死刑執行。死刑確定から一年後の異例の早さであった。

自己愛性人格障害
→39・160ページ。

反社会性人格障害
→31・163ページ。

う。また文学の場合、前述の太宰治やヘンリー・ミラー*のように、実生活においては破壊性、衝動性に満ちていながら、作品においては高い感受性を発揮する作家は、ボーダーライン的な資質を持っていると言ってよいだろう。ボーダーラインは、強迫性人格障害*と対照をなす。強迫性人格障害の人たちは秩序を求め完全癖を持つが、ボーダーラインの人たちは破壊と新しい自分の価値を創り上げることに興味を持つのである。

もう少しボーダーラインの芸術創造を考えてみよう、自己の分裂（ここではカーンバーグ*（Kernberg）の言う分裂*〈splitting〉とは異なり、単純に人格の相反する傾向を意味する）は創造者に欠かせない、一つの重要な創造的モメントである。古典的名作であるゲーテ*の『ファウスト*』も、人間の聖性と俗性、善と悪、精神性と欲望の絶えざる心の戦いを、主人公ファウスト、悪魔メフィストフェレスに仮託して描いている。ゲーテが描いた分裂機制は、本来多かれ少なかれ、人間一般に見られるものである。われわれ人間の課題は、分裂機制の絶えざる統合であり、それがゲーテ、ニーチェ*、サルトル*らのテーマでもあったのである。また、ヘッセ*は典型的とは言えないが、ボーダーラインの作家であると言ってよいだろう。自己分裂機制を、母なるもの、女性なるもの、大地性、身体性を媒介として統合を目指すことが、ヘッセの大きな創造の主題であった。物語上でも最終的には女性的なるものによって主人公は救われる。母なるものこそが、善と悪、聖性と俗性を統合する媒介――錬金術師であるととらえている。これらの例は相反する人格の「統合」という

ヘンリー・ミラー（Henry Miller）
一八九一～一九八〇。アメリカの作家。『北回帰線』、『南回帰線』など。

強迫性人格障害
→93ページ。

カーンバーグ（Otto F. Kernberg）
一九二八～。オーストリアのウィーン生まれ。現在のアメリカ精神分析学会の第一人者。現在、コーネル大学医学部教授など、要職に就く。境界例治療のため、アメリカで発展した自我心理学にイギリスの対象関係論を取り入れて、独自の自我心理学的対象関係論を築いた。

分裂（splitting）
正反対の自我状態を関係づけることなく相離しておこうとする心理機制。

ゲーテ（Johann Wolfgang von Goethe）
一七四九～一八三二。ドイツを代表する詩人であり、劇作家、小説家、

ことが大きなテーマであったのだが分裂機制の投影メカニズムがあまりにも突出し、非現実的かつ退行した形で生じる場合に病的とされるのであろう。マスターソン*（Masterson）は、ボーダーラインの特徴として、分裂機制の投影メカニズムがそのまま次の防衛メカニズムに発展しないで停止している点を指摘している。彼ら——芸術を創造する者には、正気と狂気のバランスをとりながら生きることが運命づけられており、その意味で彼らは正気と狂気を混交して持っている。

現代という時代の変換期においては、社会も人もボーダーライン的状況にあると言ってよいのかもしれない。つまり現代ほどボーダーラインの人が多い時代はなく、またボーダーライン的な芸術家が多い時代もないと考えられる。また犯罪傾向においても、既に述べた宅間守元死刑囚や、和歌山カレー毒物混入事件*の林真須美被告などを考えると、ボーダーライン的な傾向が、反社会的人格に混入して、多く見られる時代となっていると言えるだろう。

2　青少年に多く見られる人格障害

青少年で一番問題となる人格障害は、反社会性人格障害、自己愛性人格障害、そして前

科学者、哲学者、政治家でもある。また、当時の学者層の人物と幅広い交流を持ち、一八〇〇年前後の名だたる人物と親交が深かった。当時のドイツで最も影響力のあった学者であり、詩人であった。『若きウェルテルの悩み』、『ファウスト』など。

ファウスト
一八～一九世紀ドイツの文人ゲーテの代表作とされる長編戯曲。一五～一六世紀頃のドイツに実在したと言われるドクトル・ファウストゥスの伝説を下敷きにして、ゲーテがほぼその一生をかけて完成した畢生の大作。『ファウスト』は二部構成で、第一部は一八〇八年、第二部はゲーテの死の翌年、一八三三年に発表された。

ニーチェ
(Friedrich Wilhelm Nietzsche)
一八四四～一九〇〇。ドイツの哲学者・古典文献学者。後世に影響を与えた思想家。巧みな散文的表現による哲学の試みには文学的価値も認められる。『悲劇の誕生』、『ツァラ

述の境界性人格障害（ボーダーライン症候群）ということになるだろう。特に境界性人格障害は、青少年における人格障害の中心的なものである。

(1) 反社会性人格障害

反社会性人格障害は、青少年にきわめて多く見られるものである。反社会性人格障害とは、必ずしも犯罪を起こした人を指すのではなく、犯罪を起こす可能性を持つ人格障害のことを指す。まずDSM-Ⅳ-TRの診断基準を見てみよう。

A. 他人の権利を無視し侵害する広汎な様式で、一五歳以降起こっており、以下のうち三つ（またはそれ以上）によって示される。

① 法にかなう行動という点で社会的規範に適合しないこと。これは逮捕の原因になる行為を繰り返し行うことで示される。

② 人をだます傾向。これは繰り返し嘘をつくこと、偽名を使うこと、または自分の利益や快楽のために人をだますことによって示される。

③ 衝動性または将来の計画を立てられないこと。

④ いらだたしさおよび攻撃性。これは身体的な喧嘩または暴力を繰り返すことによって示される。

⑤ 自分または他人の安全を考えない向こう見ずさ。

トゥストラはかく語りき』など。

サルトル（Jean-Paul Sartre）
一九〇五〜一九八〇。フランスの哲学者、作家、劇作家、評論家。実存主義哲学の旗手。『嘔吐』など。

ヘッセ（Hermann Hesse）
一八七七〜一九六二。ドイツの作家。『車輪の下』、『デミアン』など。

マスターソン（James F. Masterson）
三〇年にわたる臨床研究を通して、境界例をはじめとする人格障害の発達的対象関係論的治療法を確立した。現在コーネル大学医学部臨床教授およびマスターソン研究所所長。

和歌山カレー毒物混入事件
一九九八年七月二五日夕方、和歌山市園部で行われた夏祭りにおいて、提供されたカレーに毒物が混入された事件。カレーを食べた六七人が急性ヒ素中毒のような症状を示し、うち四人が死亡した。カレーを調べたところ、ヒ素化合物の一種である亜

⑥　一貫して無責任であること。これは仕事を安定して続けられない、または経済的な義務を果たさない、ということを繰り返すことによって示される。

⑦　良心の呵責の欠如。これは他人を傷つけたり、いじめたり、または他人のものを盗んだりしたことに無関心であったり、それを正当化したりすることによって示される。

B．その人は少なくとも一八歳である。

C．一五歳以前に発症した行為障害の証拠がある。

D．反社会的な行為が起こるのは、精神分裂病（統合失調症）や躁病エピソードの経過中のみではない。

C．の「一五歳以前に発症した行為障害の証拠がある」とは、つまり一五歳以前にも行為障害が認められるということである。行為障害とは、次の通りである。

A．他者の基本的人権または年齢相応の主要な社会的規範または規則を侵害することが反復し持続する行動様式で、以下の基準の三つ（またはそれ以上）が過去一二ヶ月の間に存在し、基準の少なくとも一つは過去六ヶ月の間に存在したことによって明らかになる。

＜人や動物に対する攻撃性＞

①　しばしば他人をいじめ、脅迫し、威嚇する。

ヒ酸の混入が判明した。殺人罪などに問われた林真須美被告は、一審、二審で死刑判決を受け、現在上告中。

② しばしば取っ組み合いの喧嘩を始める。
③ 他人に重大な身体的危害を与えるような武器を使用したことがある（例　バット、煉瓦、割れた瓶、ナイフ、銃）。
④ 人に対して残酷な身体的暴力を加えたことがある。
⑤ 動物に対して残酷な身体的暴力を加えたことがある。
⑥ 被害者の面前での盗みをしたことがある（例　人に襲いかかる強盗、ひったくり、強奪、武器を使っての強盗）。
⑦ 性行為を強いたことがある。

＜所有物の破壊＞

① 重大な損害を与えるために故意に放火したことがある。
② 故意に他人の所有物を破壊したことがある（放火以外）。

＜嘘をつくことや窃盗＞

① 他人の住居、建造物、または車に侵入したことがある。
② 物や好意を得たり、または義務を逃れるためにしばしば嘘をつく（すなわち、他人を〝だます〟）。
③ 被害者の面前ではなく、多少価値のある物品を盗んだことがある（例　万引き、ただし破壊や侵入のないもの、偽造）。

＜重大な規則違反＞

①　親の禁止にもかかわらず、しばしば夜遅く外出する行為が一三歳以前から始まる。

②　親または親代わりの人の家に住み、一晩中、家を空けたことが少なくとも二回あった（または、長期にわたって家に帰らないことが一回）。

③　しばしば学校を怠ける行為が一三歳以前から始まる。

B. この行動の障害が臨床的に著しい社会的、学業的、または職業的機能の障害を引き起こしている。

C. そのものが一八歳以上の場合、反社会性人格障害の基準を満たさない。

一〇歳になるまでに行為障害が見られる場合を小児期発症型と呼び、その他青年期発症型は、一〇歳以上で行為障害が認められる場合を言う。一五歳以前にこのような行為障害があり、そしてさらに一八歳前後になって反社会性人格障害の行動様式が見られるのを、反社会性人格障害と呼んでいるのである。

しかし、この反社会性人格障害の定義が妥当であるかどうかには大きな問題がある。日本の場合、単独犯罪の中でも「いきなり犯罪」と呼ばれるようなタイプの犯罪においては、行為障害が認められないまま反社会性の犯罪を起こす者が多い。したがって反社会性人格障害の診断基準として行為障害の発症が必須であることには、いささか問題がある。

また「一五歳以前に発症した行為障害があり、その人は少なくとも現在一八歳である」

とあるが、それでは一八歳以前に反社会性人格障害が見られないのか、と疑問に思う人も多いだろう。実際、社会的規範に適合しない行動をとる、人をだましたり嘘をつく、将来の計画を立てられない、あるいは攻撃性、暴力、無責任、良心の呵責の欠如が見られる、といった症状が一〇歳前後から既に見られる子どもたちは多いものである。したがって反社会性人格障害は、あまり年齢で判断しないほうが妥当であろう。そしてまた、反社会性人格障害の診断基準として、行為障害の発症が前提とされていることは日本の現状に合わないということを考慮し、日本独特の考えにより反社会性人格障害の診断基準を再考すべきである。

反社会性人格障害の傾向は、青少年犯罪にも多く見られる。昨今の青少年犯罪の特徴としては、ひったくり事件が非常に多くなっていること、性犯罪がきわめて多いこと、さらにインターネットを介した犯罪が多いことがあげられる。以下で詳細を述べていく。

都市部では青少年による「オヤジ狩り」が多く見られる。彼らは、酔っぱらっている中高年の男性を襲って金銭を奪い、それを自分たちの遊び金に使うのである。これは彼らにとっては、金儲けのできる遊びであると言えよう。

さらに深刻なのは性犯罪であり、小学生や中学生、あるいは高校生を自分のマンションや特定の部屋に監禁し、性的ないたずらをしたり、それを写真やビデオで撮ったりする。そしてその写真やビデオを性的な風俗雑誌に載せ、金を儲けているのである。

監禁されている女性たちの親は自分たちの娘が何日も帰らないのに、警察に届けていないことが多い。このことから、この女性たちもある意味で、犯罪を起こす彼らと同じように親から見離された少女たちであることがわかる。

また少女が起こす犯罪の中には、自分の下着を中高年の男性に売ることで、数十万円ものお金を手に入れているケースが見られる。少女たちは、下着を売って得たお金で、高価なブランド製品を買うのである。

しかし、このような商売を行っているのは大人である。彼らは中学生、小学生の少女の下着を買い取り、それを中高年の男性に売りつける。また、中高年の男性がたくさん集まっているところで、少女たちを下着のままで歩かせ、彼らがどの子の下着を欲しがるのかを探り、彼らが望む下着を数万から十万円ほどの金額で売りさばくこともある。しかもこっけいなことに、下着が汚れていれば汚れているほど高くなる、という。少女の下着を売る、あるいは少女が下着姿になって歩いているのを、それを中高年の男性が「この子の下着がいい」と選ぶ様はこっけいであり、ある意味で悲惨な姿である。構図としては、中高年の男性が自分の稼いだ金を少女たちに投資しているということになり、このことはまた奇妙な金銭の流れである。

さらに青少年の集団自殺も増加しており、インターネットの自殺サイトを介した集団自殺が毎月のように見られる。彼らは自殺サイトを介して知り合った人々と、練炭を車内に持ち込み、一酸化炭素中毒をおこして自殺をするのである。彼らはお互い、その時初めて出会っており、まったく顔見知りではない。

集団で自殺をするという点はいかにも青少年らしい特徴である。大人の自殺、特に中年の自殺の場合、飛び降りによる単独自殺が多いのだが、青少年の自殺の場合には、同じ意志を持つ者同士が集まって一緒に旅立つという形をとる。そこには青少年が持つ死への恐怖と幻想が見られ、青少年の孤独の弱さと同時に、青少年同士のお互いの共感もまたうかがい見ることができる。

彼らの多くは虚無的であり、今の社会にもはや生きられないと追い詰められている。その背景には、定職がない、ひきこもりである、あるいは立派な会社に勤めていても真面目に働くことに興味がないなど、さまざまな要因があるだろうが、いずれにしても彼らには生きる意欲というものがもはやないのであろう。

また青少年たちが、自分の家族を殺すという事件が、最近頻発している。家族ですら他人としてとらえている、あるいは家族だからこそ憎しみが強いのであろう。その理由は、勉強しろといつも叱られているから、とか、男女の付き合いをやめるように言われたから、とか、叱られてばかりいるからむかつく、というようなきわめて素朴な理由が多い。家族を殺す理由がそのように些細なものである一方、彼らが犯した罪の重大さは計り知れないものである。

覚せい剤などの乱用も、深刻なものである。平成九（一九九七）年には一、五九六人が検挙された。その後減少傾向にあるとはいえ、シンナーなどさまざまな薬物乱用は、全体的に見ても決して減っているものではない。このような覚せい剤は、それ自体の快感を求めて使うことが一般的であるが、痩せるため、あるいは性的快感を得るために使うことも多い。

インターネット犯罪では、出会い系サイトによる犯罪が多い。ある少年は中学生ぐらいから出会い系サイトを開設していた。彼は高校一年の時期に友人と私のところへ来たのだが、話を聞いてみると、出会い系サイトのみならずテレクラによる詐欺行為も行っていた。二人ほどの女性仲間を使い、彼女たちに声色を変えさせ、六、七人の女性がいるかのように見せかけ、電話をしてくる中高年の男性に対応させていた。そして商談が成立すると、男性は金額を振り込み、待ち合わせの場所を指定しそこに向かうのであるが、女性からのキャンセルを認める仕組みになっているため、結局彼らは待ちぼうけを喰らわされてしまう。このようなことをして、毎月八〇万円前後を儲けていた彼は、非常に素直な顔で事情を話し、全く悪びれることなく「まあ、こんなことは一生ずっとやってられはしないんですけどね」などと言いながら、自分のやっていることに罪悪感はまったくないことを明らかにしていた。このように、テレクラないしインターネットを利用し、利用者をだますことは、何の手間もかからないため、彼らには魅力的で割の良い仕事なのである。

その他のインターネット犯罪としては、青少年によるオークション詐欺も近年きわめて多くなっている。彼らはインターネット・オークションに出品し、そこで代金を受け取っても物を配送しない。彼らはこのような詐欺行為を面白がって行っており、何ら罪悪感は見られない。

このように、インターネットの存在はもはや少年犯罪には欠かせないものとなっている。現代では、青少年がウェブサイト上で過激な性的表現あるいは暴力的表現をすることもきわめて多い。また、集団自殺や青少年による犯罪は、インターネット上のウェブサイトなどに誘発されて起こることもまれではない。そのため、まずは青少年がインターネットを閲覧する際の対応が、今後の反社会的行動を規制するのにきわめて重要なことであろう。

(2) 自己愛性人格障害

自己愛性人格障害の特徴は、誇大性、賞賛されたいという欲求、共感の欠如である。このような人たちは自分の能力を過大評価し、成し遂げたことを常に誇張し、しばしば自慢げであり、うぬぼれが強い。自分は独特の能力、あるいは高い能力を持っているといった自尊心が強く、自分の欲求は特別であり普通の人には理解できない、と信じている。この障害を持つ人は、概して過剰な賞賛を要求するものであり、自尊心が大きいために非常に傷つきやすい。かくて常に注目と賞賛を求めるが、自分の期待通り人から賞賛されないと、強い怒りを覚える。また共感性に欠けているため、他人の欲求、客観的な気持ちや体験を理解することが困難である。つまり人の気持ちがわからず、自分中心の行動に走りやすいのである。

このような共感なき自己肥大感は、現代にますます増えている人格障害の一つでもある。いつも人と自分とを比較し、ライバル争いをし、人より上でなければならないという傾向がますます強くなっている現代という時代こそが、このような自己愛性人格障害の人たちが生まれやすい土壌を作っていると言える。

自己愛性人格障害者が持つ自信は、反社会性人格障害者の度重なる犯罪行動と関係がある。ミロン*という心理学者による自己愛性人格障害の下位分類の中で、「道徳心を欠いた自己愛性人格障害」というものがある。この指摘は、自己愛性人格障害の中には、犯罪性と結びつくものがあることを示唆している。犯罪者は大体において、自分は力において誰にも負けない、力を求めなければならない、人はどうでもよい、という共感性に欠けた「力」中心の価値観を持っていることが多い。その傾向は、道徳心を欠いた自己愛性人格障害といわれるものに含まれる。

自己愛性人格障害者の多くは、一般社会において法律を守って生きているが、一部は偶然に身を任せ、何に対しても反対し、いかさま的な生き方をしている。彼らの多くは執念深く、他人を自分の利益のためだけに利用し、自分の犠牲となっている人たちに対して軽蔑的な眼差しを向ける。また、多くの自己愛性人格障害者は正常な超自我*の発展をとげるが、道徳心を欠いた自己愛者は内向化した道徳的禁止をほとんど持っておらず、また良心や道徳心がなく、嘘をつくことも平気なので、社会的な影響を与えることがある。

ミロン（Theodore Millon）
一九二八〜。ハーバード医科大学精神医学科で長年教鞭をとった研究者で、人格障害の分野では国際的な最高権威とされている存在。ミロンは今日、精神疾患の診断分類体系の国際標準とされているＤＳＭの人格障害の基礎をつくったとされている。

超自我
精神分析学の概念で、良心あるいは道徳的禁止機能を果たす人間の精神構造の一部。Ｓ・フロイトは、人間の精神構造を超自我、自我、イドの三層から成るものと考え、それぞれに固有の働きを想定した。超自我は、幼児期に両親との同一視やしつけなどを通して取り込まれた道徳律であって、本能的欲動を検閲し抑圧する。意識的な場合もあるが、多くは無意識で後悔や罪責感といった感情をもたらす。

このような道徳心を欠いた自己愛者は、不誠実で人を利用する以外に、他人の福祉に対しても欺瞞的な無関心を示す。また危険をおかすことにも積極的で、罰を受けることに対しても恐怖心を持っていない。彼らは「恨みのこもった満足」ということをしばしば行い、他人を軽蔑し、支配する。他人との関係は、自己愛者がそこから何らかの利益を得るかぎり持続する。多くの面で、道徳心を欠いた自己愛者は、誠実さを欠いた演技性人格障害者*に類似している。彼らは完全に自分自身の関心にのみ焦点を当て、真実に対しては無関心である。真実に直面したとしても、自分自身を正当化し、無実の態度を表す。たとえ悪いことをしても、礼儀正しさや品のある態度を見せて、自分の問題のある行動を否定するのである。自分のやったことが失敗したり、社会的に無責任な行動をとったりしても、それは彼らが持っている広範な空想や単純な嘘によって正当化されてしまう。もし彼らに明らかに罪があるとするならば、自分の行動に対して無関心であること、あるいは冷ややかな感情を示すことであろう。

自己愛者の中でも、反社会性人格障害の傾向をより強く持っている人たちは、強くて傲慢で、恐れのない構えを見せつける。そして、自分の悪意ある行動や家族内の問題、法律的な混乱をおこす際に恐れを示さず、傲慢さを見せつける。

自己愛者は自分の力を過信し、他人を軽蔑しているため、彼らが犯罪をおこす場合は、人への哀れみの気持ちをまったく持たずに犯行を行う。たとえば既に述べた校内児童殺傷事件の宅間守元死刑囚は、自分の能力を精神科医よりも高いと考えており、また実際に精

演技性人格障害
常に周囲の関心を集め、自分が中心でないと気がすまない人格。過度な情動と人の注意をひこうとするパターンが浸透しており、成人期早期に始まり、種々の状況で明らかになる。以下のうち五項目（ないしそれ以上）を満たせば演技性人格障害と言える。

(1)注目の中心にいない状況では楽しくない。(2)不適切なほど、性的に誘惑的および挑発的行動で特徴づけられる対人交流。(3)素早く変化し浅薄な感情表出を示す。(4)自分に注意を向けるため絶えず身体的外見を示す。(5)過度に印象的だが細部に欠ける話し方をする。(6)自己を劇化したり、芝居がかったふるまいをし、感情表現を誇張する。(7)暗示性が高い、例えば容易に他人や環境の影響を受ける。(8)対人関係を実際よりも親密なものと考える。

神医学の勉強をして、その知識を見せびらかしていた。

自己愛的犯罪者は、青少年の集団犯罪においても多く見られる。彼らは、自分がまわりの連中よりも力があり、目立つ存在なのだ、という誇大的な願望に基づいて犯罪を行っており、特に集団の中にあっては、その自己顕示欲が現れやすい。同じことは青少年のいじめに関しても言うことができる、いじめる側には自己愛的な人格を持つ者が潜んでいる場合が多い。集団の中では非行的競争が生じやすくなり、自己愛者は「自分が一番強いのだから一番ひどいいじめ方をしてやる」というような自己顕示欲を持ちやすい。したがっていじめをなくすためには、自己愛的傾向の是正がぜひ必要なのである。日本はいじめがきわめて多く見られるいじめ大国である。いじめによって不登校、ひきこもりが引き起こされる傾向があるだけに、そのいじめを起こす子どもたちの中にいる、自己愛性人格障害の傾向を充分に持つ子どもを、家庭や学校で是正していかなければならないものと考える。

(3) 境界性人格障害(ボーダーライン症候群)

ボーダーラインの症状はさまざまであるが、一つは衝動性が顕著なタイプ、虚無感が強いタイプ(虚無感が強いということは、自殺の危険が高いということである)、さらに自己の生き方のあいまいさから、自己同一性(アイデンティティ)が不明確で混乱をきたしているタイプ、といったものにおおよそ分けられるであろう。

ボーダーライン的な人格は古くから見られたに違いない。実際にギリシャ時代、さらにルネッサンスの頃の症例には、明らかに境界性人格障害と思われるものがある。

クレペリン*（Kraepelin）は一九二一年に「焦燥感の強い気質」または「興奮性人格」と記し、次のように述べている。

患者は若いときから、大変な気分の変動を外に表す。そして彼らは、怒りで燃え上がることもある。ほんの些細なことですら、彼らの果てしない怒りを爆発させてしまう。彼らの気分の色はさまざまに変化し、ある時はいらいらし、ある時は不機嫌でありまた悲しくもあり、元気がなかったり、不安であったり、何の理由もなく涙を流したりする。自殺の考えを述べたり、心気症的な訴えをしたりする。彼らはいろいろなことに気が散りやすく、じっとしていないことが多い。

クレペリンが記したこの症例は、明らかにボーダーラインであろう。

またライヒ*（Wilhelm Reich）は『衝動的性格』［1925］という著書の中で、幼児的攻撃性が顕著に見られること、幼児的ナルシシズムや深刻な超自我の障害が認められる症例を紹介している。これもまたボーダーラインの特徴を、よく表している。

また、シュミデベルグ*（Melita Schmideberg）は第二次世界大戦後、ボーダーラインという言葉を取り上げ、それを細かく論じた。彼女によればボーダーラインという概念は、「正常と神経症と精神病、および精神病質人格の特徴をブレンドした形で機能している」という。注目すべきところは、彼女が次のように述べたことである。

クレペリン（Emil Kraepelin）
一八五六～一九二六。現代精神医学の基礎を確立したドイツの精神科医学者、心理学者。身体論的立場から、精神病も他の身体病同様に、原因、症候、経過、転機、病理解剖所見を一にする疾患単位をなすという「疾患単位説」を打ち出した。また従来無体系に記述されていた精神病症状を、臨床的始点によって分類した。クレペリンの精神医学大系は現代の精神医学の基盤となっており、彼の疾患単位説は今日の精神医学にも大きな影響を及ぼしている。

ライヒ（Wilhelm Reich）
一八九七～一九五七。オーストリアに生まれる。ウィーン大学医学部在学中からS・フロイトの精神分析を信奉し、そこから現代精神分析を発展させた。人は性的本能と外界に対して自分を防衛するために「性格の鎧」を着るという概念を打ち出して性格分析を確立した。

ボーダーラインと呼ばれるような一つの明確な実態はない。むしろ、この言葉はさまざまな傾向の混合したものである。つまり、ある種の症状の集まりである。

このようにシュミデベルグは、ボーダーラインをいわば「症候群」として言い表すことができると考えたのである。私は、ボーダーラインは症候群としてとらえるべきであると考えている。アメリカのガンダーソン*（Gunderson）らもまた症候群と考えるのが妥当、中心障害は衝動性、と考えている。

不安、うつ、衝動性、虚無感、といった感情は、青少年が抱く主たる感情であり、それらを一つの人格障害としてまとめるのはいささか難しいということは、誰にでもわかることであろう。たしかにDSM－ⅢからDSM－Ⅳ－TRにおける診断基準では、ボーダーライン的なものを「境界性人格障害」として扱っている。しかしそこには「症候群」という考えが根底にあることを知るべきなのである。

さまざまな常識、価値観が交錯し、さまざまな欲望がまん延する現代にあっては、自己というもののまとまりが失われやすいことは言うまでもない。つまり、現代にこそボーダーラインという人格障害がきわめて多いことは自明のことなのである。筆者はかつて農村部と都市部のボーダーラインを、ボーダーライン・スケール*を使って比較した。結果ボーダーラインは都市部に明らかに多いことが分かった。

またボーダーラインと虐待にはきわめて密接な関係がある。この調査でも、ボーダーラインの人と、ボーダーラインではないうつ病や不安障害の人とを比較した結果、ボーダー

シュミデベルグ（Melitta Schmideberg）
一九〇四～一九八三。メラニー・クラインの娘で精神分析医・自我心理学者。クラインの指導を受けていたが、後に母とは激しく対立し、ニューヨークに移住した。子どもや犯罪者の心理治療で成果をあげた。

ガンダーソン（John G. Gunderson）
元来精神分析医として出発したが、次第に現象学的立場へと移行。ボーダーラインの治療に探索療法を用いるなど、臨機応変な対応を行っている。

ボーダーライン・スケール
「私は周囲の人や物事からいつも見放されている気がする」、「私は気が狂うのではないかと恐れている」などの五〇項目に「はい」または「いいえ」で解答し、その該当項目数から境界例であるかどうかをチェックする自己採点リスト（町沢作成）。二八項目以上に該当すると、境界例が疑われる。

ラインの方が圧倒的に虐待を受けていた者が多かった。この場合、情緒的虐待、つまり「お前など生まれてこなくていい」「お前なんて、生む気もなかった」というような言葉を子供にあびせかける「言葉の虐待」が、ボーダーラインの人に多く見られた。次いで、スキンシップがあまりなかったということ、そして性的虐待である。

性的虐待を受けていたケースは、ボーダーラインのケースでは50％であるが、ボーダーライン以外では21％前後であり、これもボーダーラインとそれ以外の症例を分かつ大きな差であろう。私は自分の臨床経験から、ボーダーラインに性的虐待はあまり関係がないものと思っていた。アメリカにおけるボーダーラインの約80％が性的虐待を受けているというデータが提示され、それに私は驚かされたが、その時点では、日本の家庭はそこまで乱れていないと思っていたのである。

しかし平成一六（二〇〇四）年の夏の調査では、日本のボーダーライン患者の約50％が性的虐待を受けていたことが明らかになった。これはアメリカに比すべき値であり、私の予想をはるかに上回る率であった。その他、暴力虐待、情緒的ネグレクトなどに関しても、ボーダーラインとの関係がきわめて深いものであった。このような結果を見ると、アメリカのデータからの「ボーダーラインは虐待から生まれる」という仮説は、日本にも十分あてはまることがわかる。この仮説は、ボーダーラインの治療を考える上で重要なものである。ボーダーラインはある意味で、ＰＴＳＤ*に近いと考えられる。つまり強い虐待を受けていたボーダーライン患者の中には、パニック発作や解離性健忘、不眠、感情の混乱

PTSD(Post-Traumatic Stress Disorder)
心的外傷後ストレス障害。心に加えられた衝撃的な傷が元となり、後にさまざまなストレス障害を引き起こす疾患のこと。症状として、フラッシュバック、パニック発作、感情の混乱、解離性健忘などが認められる。

といったようなＰＴＳＤの症状とほとんど同じものを抱えている場合が多い。その背景には、幼児期に虐待を受けたことがあげられるのである。

また私はかつて、顕著になった親の過保護を指して、それは「ペット化という虐待である」と述べたことがある。今回の調査では、やはりボーダーライン患者の方が、両親から過保護に育てられている率がはるかに高く、両親からしつけがなされている率が少なかった。つまり両親の過保護さゆえ、しつけをしていないのである。ボーダーラインは、「しつけなき過保護」が引き起こした結果とも言えるだろう。ガンダーソンはパーソナリティの形成に関して次のように述べている。

発達早期の精神機能の障害が重要であるとしても、その後の発達過程のプロセスもきわめて重要な影響力を持っている。つまりボーダーラインとなるパーソナリティを形成する上で全発達過程を通して、家族が絶えず重要な役割を果たしていることが示唆されているのである。

またボーダーラインが発症する時期について、ストーン*（Stone）は次のように述べている。

ボーダーラインが通常発症するのは、一〇代の後半から二〇代の初期である。一方で感情病に関する遺伝的な準備状態と結びついており、特にうつ病、焦燥感などである。そして思春期の後期になって、反抗性、極端な気分、要求がましさ、自傷行為といったものが浮かび上がってくる。二〇代でのボーダーラインの患者は、人生を決してう

ストーン（Michael H.Stone）
ボーダーラインの発生源としての外傷体験を研究。ボーダーラインに関しては、「人格障害」というより「症候群」として考えた方がよいかもしれないと述べている。

まく生きていない。家を離れること、情緒的あるいは職業的安全に到達することは、かなり困難な戦いである。また彼らは人との親しさを切に求めるが、傷つけられたり失望することにもおびえている。このようなパラドックスは、生来の神経系の敏感さ、不安定性といった焦燥感によって生じる場合もあるし、また養育者の虐待による他人への深い不信感から生じることもある。

ボーダーラインの発生率は、年齢が高くなると共に低くなっており、大部分の患者の対人関係や職業の機能は、三〇歳代や四〇歳代になればかなり安定してくる。

ここでDSM-Ⅳ-TRにおける境界性人格障害の診断基準を述べてみよう。

●診断基準——境界性パーソナリティ障害

対人関係、自己像、感情の不安定および著しい衝動性の広範囲な様式で、成人期早期までに始まり、種々の状況で明らかになる。以下のうち五つまたはそれ以上によって示される。

① 現実に、または想像の中で見捨てられることを避けようとする、なりふりかまわない努力。

② 理想化とこき下ろしとの両極端を揺れ動くことによって特徴付けられる、不安定で激しい対人関係様式。

③ 同一性障害。著明で持続的に不安定な自己像または自己感。

④　自己を傷つける可能性のある衝動性で、少なくとも二つの領域にわたるもの。たとえば浪費、性行為、物質乱用、無謀な運転、暴食。日本でいうならば、リストカットあるいは食べ吐き、アルコール、喧嘩、向こう見ずな運転などが取り上げられる。
⑤　自殺の行動、そぶり、脅し、または自傷行為の繰り返し。
⑥　顕著な気分反応性による感情不安定性。
⑦　慢性的な空虚感。
⑧　不適切で激しい怒り、または怒りの制御の困難。
⑨　一過性のストレス関連性の妄想様観念、または重篤な解離性症状*。

以上のように境界性人格障害、つまりボーダーラインは位置づけられている。

ボーダーラインは一般人口の約２％に発生すると言われており、精神科外来患者では10％、精神科入院患者では20％とアメリカでは報告されている。

ボーダーラインの治療はきわめて困難であり、薬物療法も顕著に効くわけではない。強いて言えば、リーマス、テグレトール、デパゲン、あるいはセレネースといった薬が有効であろう。根本的には、精神療法が適切に行われることがとても重要であるが、その精神療法がきわめて難しいこともまた、ボーダーラインの特徴なのである。

彼らは愛情に敏感であるため、こちらが冷静かつ客観的な態度で治療をすると、「冷たい」と言って去っていく。しかし接近して愛情を与えても、彼らはすぐに転移感情を起こ

*一過性の妄想ないし精神病的状況は、ガンダーソンが主に主張しているものであるが、確かに時々見られるものである。解離性症状については、多重人格と関係がある。交代人格の一人が、ボーダーラインの性格を持っていることが多いのである。そして主人格は、いささかおとなしくて無力なタイプが多い。

し、治療者を好きになってしまう。そして時には治療者をストーカーのように追いかけてしまうのである。そしてまた、自分の愛情が相手に受け入れられないと荒れてしまい、暴力をふるうこともまれではない。したがって愛情を与えつつも、距離を確かなものとして守り、彼らの孤独、寂しさ、敏感さ、存在の危うさを支え、静かな成長を待つというのが治療の中心となろう。

時には力動精神療法*、つまり分析的な治療をすることも可能であるが、それは知的で、自己が安定しており、分析可能な人たちに対してのみの治療となる。認知行動療法*も昨今はよく使われており、特にリネハン*（Linehan）などは個人療法、集団療法という手法で治療を行っている。リネハンがとる手法は、ボーダーライン患者が持つ「白か、黒か」と二分法に分ける考え方を一つに統合していくという、弁証法的な認知行動療法である。

しかし実際の治療では、メリハリよく弁証法的に説明することは難しい。さまざまな変化、行動、衝動、感情に応じながら、彼らの変化をより少なくさせ、安定する方向に導いて行くべきである。しかしそのためには治療者の安定性が不可欠であるし、治療者へのデリケートな温かさもまた必須である。

ボーダーラインは、男性よりも女性が圧倒的に多い。男性の場合は、衝動性が高いことが顕著であるが、女性は衝動性が高いタイプや虚無感が強いタイプ、あるいはまた愛情欲求が強いタイプ、つまり見捨てられ感が強いタイプなどさまざまなものが見られる。

またボーダーラインは思春期や青年期に発生することが多いだけに、男女のトラブルが

力動精神療法
精神分析療法が幼児性欲を重視するのに対し、力動精神療法は対人関係と、過去よりも現在を重視する。

認知行動療法
クライエントは、行動や情動の問題だけではなく、考え方や価値観、イメージなど、さまざまな認知的問題を抱えている。行動や情動の問題に加え、認知的問題をも治療の標的とし、治療アプローチとしてこれまで実証的にその効果が確認されている行動的技法と認知的技法を効果的に組み合わせて用いることによって問題の改善を図ろうとする治療アプローチを総称して、認知行動療法という。

リネハン（Marsha M. Linehan）
行動心理学者。一九八七年に外来治療プログラムである弁証法的認知行動療法（DBT : Dialectical Behavior Therapy）を開発した。現在欧米において境界人格障害に対する有効な治療法として立証され、広く支持されている。

起こりやすい。ボーダーライン患者の中には結婚する者も多いが、すぐに離婚してしまう、あるいは子供を生んで間もなく離婚してしまうなど、離婚率はきわめて高いと言われる。ボーダーラインの女性は愛情がないことに耐えられないため、相手と別れた後すぐに他の男性を見つけるが、あまりにも相手に対するしがみつきや衝動性が強く、またリストカットや食べ吐きも頻繁に見られるために、男性は逃げていってしまう。ボーダーラインの女性は、その見捨てられ感に堪えられず、自殺未遂、特にＯＤ（over dose）と言われる大量服薬がその後見られることが多い。彼女たちは一人でいることが苦手であり、いつも異性を求めてしまう。私が患者から「どのようにしたら私のボーダーラインは治るのですか」と聞かれると、「一人でいられる力です」と答えることもあるくらいである。

3　具体的症例から

(1)　症例1

二二歳の女性が、ボーダーラインの可能性があるということで入院してきた。小さいときから彼女の母親は父親である男性の愛人であったために、彼女は母とのみ暮らしていた。その後、父親の正妻がガンで亡くなったために、父親と共に暮らすことになったが、それは既に彼女が高校を卒業した頃であった。

父親不在の、母子家庭の中で育った彼女は、音楽、特に声楽を習っていた。大学に入学し声楽を勉強したが、途中で辞めてしまった。いささか根気が欠けていたのであろう。

彼女はそこを辞めた後、さまざまな飲み屋でポピュラー音楽を歌い、彼女自身それを楽しんでいた。しかしやがて、「一人の生活は虚しい」と、アルコールを飲み始めたのである。飲酒する度、大量に飲んで大暴れをし、また階段などから落ちたり道路で転んだりして、いつも大怪我をしていた。そしてまた、前の日の事をほとんど忘れるというブラックアウトも起こしていた。

やがて男性をつかまえ同棲するのであるが、激しい喧嘩をする毎日であった。夫はそれでも二年ほど我慢をするのであるが、やがて自分の実家の家業が斜陽化すると、これでは自分の家が倒産してしまうと言って、自分の家に戻っていったのである。

男性に捨てられて、彼女の飲酒量はいっそう増え、自殺未遂も頻繁になっていった。リストカットは二〇数回も行われ、自殺未遂も二〇回前後は行われていた。このような時期に、彼女は私のところにやって来たのである。

飲酒をしていないときの彼女はきわめて可愛く、素直な女性である。しかし夜になり、アルコールを飲めば、まったく人格が変わってしまうのである。凶暴で、しがみつきが強く、虚無的なことを口走り、自殺をほのめかしたりするため、側にいる人はたまらなくなる。

彼女の治療者への転移は強いものであり、アルコールを飲んでいる時にはほとんどいつも、甘えた声で電話をかけてきた。そして最後には「さようなら、死ぬからね」と言って電話を切ってしまう。あるいはまた救急車から電話があり、「この女の子は、どういった症状でしょうか」と問われることもたびたびあるという有様であった。

そのうち彼女は、「子供が欲しい、子供が欲しい」と主張するようになった。「相手がいないではないか」と私が言うと、「必ず見つける。先生、見つけてよ」と、こちらまで巻き込まれそうな勢いである。

そんなことを言っていた一年後、彼女は二〇歳も年上の男性と知り合い、間もなく結婚し、子供を出産した。その後の彼女はまったく人間が変わったかのように、衝動性はなくなり、感情の変動も少なくなった。子供を可愛がり、実に平和な生活を送って、親やわれわれを驚かせたものである。

彼女は特に虐待を受けていたわけではなかった。しかし母子家庭で育ち、やはり愛情がいささか不足していたのかもしれない。二〇歳も年上の男性と結婚したことは、父親からの愛情が必要であったことを裏付けているのかもしれない。

いつも騒ぎを起こし、まったく平和のない生活を送っていた彼女が、二〇歳年上の男性と結婚して子供を得ることで、衝動性が消えるという事例は、私の治療経験ではきわめて珍しいものである。子供を可愛がるということは、自分を可愛がる、自分が愛情を受けることとほぼ同じ意味なのであろう。愛情を与えることと受けることは、同じことと見てもよいのかもしれない。

(2) 症例2

二四歳の女性。三歳の頃からバイオリンの才能があるということで、特別教育を受けていた。しかし中学生になり、バイオリンに傑出した子供だけが集まるようになると、その競争に耐えられなくなってしまった。

さらに彼女はバイオリンの男性教師に憧れを感じ、あまりの愛情から、授業の際に強い緊張を感じていたという。しかし自分の才能が目立たなくなってきたので、憧れの男性教師から見捨てられる前に自ら去ったという。

しかしバイオリン以外の勉強にエネルギーを向けようにも、もはや彼女の望み通りには進まなかった。すでに中学を卒業するに近い年齢であり、受験勉強をしてもそれなりの成果が出なくなっていたのである。そのため彼女は、絶望感や虚しさを抱えながら生活していた。高校入学後まもなく、その高校は自分の希望した高校ではないとして退学している。

そしてその後の生活は、混沌そのものである。夜の街をさまよい、真夜中にそっと自分の家に帰ってくる。父親に叱られ、母親にも叱られるという生活であったが、それでも彼女はこの虚無の暗闇を歩き、混沌としたネオンの街を歩き回っていた。

本格的な自殺未遂は、一〇回以上見られ、リストカットを何十回となく重ね、数多くの傷がケロイド状になって残っていた。大学病院、クリニックなどを五、六箇所回って、二一歳になって筆者のところにふらりとやって来た。当時彼女は、ある病院から見捨てられ強制退院となっていた。しかし親元にもいられず、入院する病院を探していたのである。したがって入院はすぐに決まった。

入院初期は、治療者への試しがよく見られ、何かと治療者に難題を投げかけた。「私はもう死ぬから、構わないでよ」とわざわざ言いに来て、まもなくあっさり手首を切って自殺未遂をする。また、「黒い蜘蛛のようなものが私を襲ってくる」という病的な幻覚を、演技的に訴えてくることもあった。これは一過性の精神病的な訴えであり、ヒステリー精神病のニュアンスの強いものでもあった。

リストカットにせよ精神病的な症状にせよ、治療者を惹きつけようとする意図が強く感じられた。主治医の私は強い転移をやわらげるため、臨床心理士の女性と二人で、心理療法を担当することにした。これは性の問題が起こり始めた時に、異性には話しにくいという理由で、彼女から望んだことでもあった。

一般に重症の境界性人格障害者の治療者転移はきわめて強いものである。そのため、治療の際は治療者が一人で対応するのではなく、共同治療者にも参加してもらい、治療者に対する陽性転移と陰性転移を患者に話すことで、転移をより客観化することができ、それによって患者の危険な行動化を防ぐことができると、私は考えている。特に男性と女性の二人の治療者がそれぞれ父親役、母親役として共同で治療に当たる方が、患者にも治療者側にも余裕を与えるであろう。

筆者は父親的な役割を担い、患者に対してやや指示的かつ分析的であった一方で、共同治療者である臨床心理士は母親的役割を担い、やや支持療法に近い治療態度であった。その女性の介入は、筆者への転移をめぐる患者の両価的態度――つまり好きであると同時に嫌いでもあるという態度――の分析が中心であり、それによって患者と筆者の距離が適切にとれるように動いていた。

この患者の場合は、父親との関係に問題があった。技術系の研究者であった父親は、共感性に乏しく、冷たい性格で、患者の入院当初は「このような精神病者は社会には必要ないので、一生入院させておいてください。適者生存ですよ」と言ってはばからなかった。

本人自身も、父親に対する幼児期からの敵意と怯えをいつも面接で訴えていた。たとえば五歳の時に初めて行った家族旅行の際、海で船に乗り有頂天になって喜んだ彼女が、船上でスキップをして父親のところに行こうとしたところ、父親は「うるさい」と彼女を手ではねのけ、倒してしまったという。彼女は泣きながらも、父親を考慮して、またスキップをして母親の所に戻ったことを、幼児期の外傷体験として述べていた。

父親の冷たい態度や、度重なる暴力的な行為、さらに母親の愛情をめぐる父との葛藤を考えると、父親が母親を強く求め、当然子どもである彼女も母親を強く求めるという状況の中で、父親と彼女は母親をめぐる愛情の戦いをしていたのであろう。

母親との関係は良いのだが、母親は父親への気兼ねが強く、父親は妻への独占欲が強かった。そのため母親は、充分に彼女を守れなかった。彼女は父親に見捨てられたとはいえ、それを修復する気はまったくなく、「私の方から見捨てているわよ」という態度であった。

しかし、父なるものを求める気持ちは強い。当然激しい陽性の転移感情を、筆者に向けてきた。幼児期に得られなかった父親を得ようとする転移感情であったため、ヒステリー的な衝動行為、精神病症状が起こった。そこで、ある程度父親転移を受け入れ、それと同時に二人で父親に対する問題点を話し合い、筆者への父親転移を解釈しなければならなかった。

ある日彼女は、「先生、私怖い夢を見たんです。性的な夢です」と言い、筆者の診察室に駆け込んできた。夢の内容は、青年医師が自分に対して強引に性的関係を迫り、自分も仕方なく応じたというものであった。筆者は「その青年医師は私に似ていたかな」と、わずかに笑いながら、彼女を傷つけないように聞いたが、彼女は「それがまったく違ってハンサムで、もっと若い医者でした」と平然と答えた。「ならばよかったね」と言ったものの、彼女は筆者を性的に不潔だとして怯え、私に近寄らないでとオーバーな表現で訴えていた。

この患者は、性そのものに強い興味と恐怖を示していた。患者のこの夢は、実は彼女が筆者に性的欲望を持っていることを示すものと筆者は直感した。自分の欲望を「青年医師」という形で主治医に投影し、欲望を偽装したのである。

しかしこのような解釈はかえって治療関係を不自然にし、結果的に彼女を怒りや衝動行為に向かわせる危険なものと考えた。また彼女自身、当面その解釈を受け入れる余裕はなく、それでも彼女は「何でこんな性的でいやらしい夢を見るんですか」と激しく筆者に問い詰めてきた。筆者は帰宅の準備をしていた時だったのでこれ以上関わることができないと考え、「それは君の年齢では当然見る夢でしょう」と中立的に答えて帰ろうとした。しかし彼女は筆者を止め、「性の問題から逃げないでよ」と激しく迫ってきたのである。そのため筆者は、この問題と正面から向きあうべきだと考えた。同時に彼女の冷静さを確保するためにも、性の問題についてずっと話してきた女性心理療法家の介入が必要だと考え、彼女に同席を求めた。

この種の性的テーマについて患者が筆者に話すことは、結果的に主治医に対する性的誘惑であることが多い。それを避けることは、患者の自我を守るためにも重要だと考えたため、共同治療者に同席を求めたのである。患者も彼女の同席を、快く受け入れてくれた。

そして筆者は静かな語り口で「君は私に性的欲求を感じているのじゃないかな」と率直に解釈をした。すると彼女は「私が先生に性的欲求を持つなんて」と不自然な大声で笑って否定した。しかも彼女はその日の夜、主治医の解釈に対して激しく怒り、他の患者にも筆者の解釈を「あの先生はいやらしい男で不潔よ」とあざ笑いながら説明していた。

しかしその興奮がおさまった二日後、彼女は母親とこの出来事について話し合っている。その後筆者に「先生の言うとおりかもね。私は性的欲求が強いのでしょうね。それを先生に向けていたことは認めるわ。母もそう感じていたと言うんですよ」と伝え、解釈を素直に受け入れた。彼女は「握手して、これで私は納得したわ」と言い、一応一つの大きな山場は切り抜けることができたのである。

彼女はその後かなり落ち着き、退院することになり、退院後は、アパートで一人暮らしをすることになった。母親や父親は「この子は自分の家にいてもナイフを振り回したり火事を起こそうとしたりして危ないのに、どうしてアパートで一人で暮らせるんですか」と訴えたので、私は「お父さんとお母さんがいるからこそ、荒れる意味があったのでしょう。一人だったら、荒れる意味があまりないではないですか。その方が、自立するためにも必要なのではないでしょうか」と伝えた。アパートで暮らすことになった彼女は、いささかの問題を残してはいたが、やがて落ち着き、そこで安定した生活を送っていた。

アルバイトをするなどして生活をしていく中、彼女はある男性を見つけ、やがて結婚することになった。そして結婚すると共に彼女は顕著に安定していき、子供を産んだものの、その子供の養育には問題がなくなっていった。（以上『人格障害とその治療』町沢静夫、創元社より）

(3) 症例3

二〇歳の男性。彼は高校二年のときから登校拒否をするようになり、その後徐々に問題が出てきた。

離人症*的な、つまり現実感が湧かないという感じが頻繁に起こるようになり、動悸がして、恐怖のために学校に行くことがつらくなった。さらにその後、無気力で布団の中でごろごろしているような毎日が続き、学校にはまったく行かなくなってしまった。

しかし精神分裂病（統合失調症）のような症状はまったくなく、話のつじつまは合い、ただ面白くないから、しらけるからと自分の無為な生活を説明する。やがて親の勧めで病院に行ったりするが、すぐに精神科医との関係が途切れてしまい、本当に自分を治そうとする気分が湧いてこないと言う。

彼の発言は非常に虚無感が強く投げやりであり、それでいてどこかで助けを求めているかのようでもある。では治療に専念するかというと、医者をからかうような形の会話が多く、医者の価値下げを楽しむような、サディスティックな面を見せていた。彼は、「今の自分は何の価値もない。何をするのも嫌だ」と言う。もっと喜怒哀楽のある生活をしたいのだが、それができない。こんな状態ならいっそ死にたい、と言うのである。自殺未遂も三回ほどある。

また病院に入院しても、他の患者との付き合いはいいのであるが、他の患者をシンナーやアルコールに誘ってみたり、あるいは性的なトラブルに巻き込んでしまったりして、結局は対人関係が壊れてしまい、病院内で問題児として扱われてしまう。

ロックには夢中で、実際にそれほど高いレベルとは思えないが、自分では何らかの音楽的な才能があるという万能感を有しており、それを公言してはばからない。自分は音楽で

離人症
自己の存在や自分の周囲の対象（事物、他者など）に現実感の喪失や疎遠感をいだく特異な意識体験。離人症体験は、精神分裂病（統合失調症）やうつ病の症状の一つであるが、健康な人でも過労時に体験することがある。

精神分裂病（統合失調症）
精神の失調の一態であり、Schizophrenia に対する言葉として、それまで長く使われてきた「精神分裂病（統合失調症）」に替わって日本精神神経学会が定めた呼称。典型的な内因性精神病で、現実と非現実の区別をつける能力（現実検討能力）が部分的・可逆的に傷害されることが最大の特徴。思春期以降に発症するのが一般的であり、症状としては幻覚や妄想、思考と行動の不統合や貧困化などが認められる。

生きていくのだという自信を持っているのだが、その自信とは裏腹に、その道に進むような努力は少しも見られない。

この男性患者の場合は、知的レベルもかなり高く、対応している限りでは、短い期間であれば対人関係能力もそれなりにあると見られる。しかし関係が長くなっていくと、その不安定さ、衝動性が顕著となり、対人関係はすぐに壊れてしまう。しかし彼は非常にデリケートで人の心を読むのがきわめてうまいため、大方の看護婦や精神科医の心を大体読んでしまい、あえてその裏をかくことが多い。かくて精神科医や看護婦泣かせの、典型的ボーダーラインと言えるのである。その反面、彼には非常に優しいところもある。人の心を読む能力で多くの患者をひきつけ、もっと弱い人のよき相談者にもなれるのである。

しかしその後、ふっと退院していき、また街をぶらぶらする寄る辺なき人生を送り始めてしまった。

このような症例には、衝動性、愛情欲求、自己破壊が顕著に見られる。さらにその背景には、虚無感がある。現代では、男女が容易に接近できるため、愛情を得られないわけではないのであるが、それを持続する力がないのである。つまり自分というものの一貫性がない。これは既に述べたように、今の時代の特徴であり、さまざまな環境の変動の中で、自己の一貫性が見失われているのである。そのために愛情を得ても、すぐにそれを手放したり、あるいは手放されたりしてしまうのである。

また現代は、物が潤沢《じゅんたく》にあり物的欲求は満たされるにもかかわらず、いやむしろそうであるが故に虚無感は強い。享楽的な人生と虚無感は、相関関係を成すものと言えるだろう。また死なねばならないような欠乏がないにもかかわらず、彼らは簡単に自殺、あるいは自殺未遂を行う。奇妙といえば奇妙ではあるが、物は一貫してあるものの、人間が一貫せずバラバラになる、というのがわれわれの時代の特徴なのである。

かくてボーダーラインの病理は、現代の病理と言うことができるだろう。現代の青少年の問題の多くには、ボーダーライン的性質が含まれているため、ボーダーラインの治療プロセスが、現代の青少年の問題の解決につながるものと考えられる。

引用・参考文献

町沢静夫　2003　『人格障害とその治療』　創元社

第3章　未成熟な若者たち

1　思春期・青年期の性の問題

思春期・青年期の心理学的問題として、性の問題は中心的なものである。女性はどう自分を守るのか、男性はどう性衝動をコントロールするのかということは、思春期・青年期の大きな課題であり、それを超えなければ安全な思春期・青年期を迎えることはできないと言えよう。

二一歳の女性が外来にやって来た。彼女にはパニック障害*の症状が見られ、さらに強迫性障害*の兆候も少し見られた。しかし次第に、パニック障害よりも強迫性障害の方が顕著になってきた――それは時間に関する強迫性障害であった。彼女は午後の一時、三時、五時になると恐怖を覚え、私に「一時、三時、五時といっても安全だよね」と確認するのである。外来の時間外でも電話をかけてきて、そう尋ねることもあった。

その理由はやがてわかった。彼女は中学二年生の時、近所の男性三人に、男性の家に連れて行かれ、集団による輪姦を受けたのだという。輪姦は一度だけではなく何度か行われ、

パニック障害
呼吸困難、動悸などの身体症状、および強烈な不安や恐怖の感情をともなう発作を繰り返し起こす不安障害の一型。

強迫性障害
→93ページ。

彼女はその時間を覚えておりそれで怯えていたのであった。

髪の毛が長く、可愛い顔をした素直な女の子であった。既に医者にかかっていたが、強迫性障害は充分に治っているとは言えなかったし、当時はパニック発作の方がひどかったに違いない。私は当時、強迫性障害にどう対応したらいいのかよくわからず、ただ漫然と薬を投与していただけであり、今から考えると実にお粗末な対応であったことが残念でならない。

やがて彼女は高校を出て、魚屋の手伝いをすることになった。しかしある時、クリーニング店の中年男性に手伝いを頼まれ、そこで働くことになった。その男性は、田舎に妻子を持ち、単身で東京に出てきた人であった。しかしその男性が経営するクリーニング店で、彼女は単なるアルバイトとしてだけではなく、その男性の性の対象にもなっていた。彼女は性を汚れたものと考え、そのために「性は怖い、男は怖い」と言っていたのに、いとも簡単にこのような中年男性に魅かれてくことに私は驚かされた。彼女は親や私の忠告も聞かず、その男性と夫婦であるかのような生活が始まった。純情で素直な女の子が、この中年男性とともに性を中心とした生活を送るようになってしまったのである。それからしばらくは、彼女が私の外来に来ることはなかった。

しかしその後、私が別の大きな病院に移ったとき、その外来に彼女が現れた。私は彼女の顔の様相に驚いた。利発そうな顔をしていた彼女が、顔にはぶつぶつができ、肥満体になり、髪の毛は乱れ、とろんとした目をしていた。時間に関する強迫性障害は相変わらず見られ、「先生、一時は大丈夫だよね、三時は大丈夫だよね」と、外来の終わりには確認して帰るのであった。

彼女は家庭内暴力がひどく、母親は骨折しており、父親も生傷が絶えなかった。窓ガラスや家具を壊し、家庭内は惨たんたる有様であった。家庭内暴力は二、三年続いたが、彼女が三〇歳に近づくにつれ、徐々になくなっていった。時には見られたものの、かつてのようにいつも見られるという状況ではなかった。かくて一応おとなしくなっていったのだが、強迫性障害は相変わらずであった。

精神分裂病（統合失調症）が疑われるほど、人格水準の低下、感情の平板化、意欲の低下が見られた。しかし幻覚、妄想はなく、また判断力もそれほど大きく歪んでいるわけではないので、精神分裂病（統合失調症）と判断することはできないと思われた。

彼女はただ家でだらだらしているだけであり、外来の日の朝も時には起きられず、親が薬を取りに来る始末であった。しかしその両親も彼女がふるった暴力によって足や手をうまく動かすことができないという、悲惨な状態で薬を取りに来るのであった。その間、彼女はいびきをかいて家で寝ているだけだという。彼女は性の問題、特に輪姦にあったことを大きなトラウマとして持ち、それ以来自分の人生を崩してしまった。そしてそのいやな輪姦を忘れるための防衛として、強迫性障害が生じていたのである。また輪姦の記憶によって感情も乱れ、家庭内暴力も生じていた。

このように、近隣の男性から性的外傷を受けることは、日本ではよく見られる。私の調査でも、多重人格者の外傷体験、特に性的外傷体験において、家の父親からレイプを受けた率と、外で男性からレイプを受けた率はそれぞれ約30％と、同率であった。アメリカでは、多重人格者の性的外傷体験において、その90％が近親相姦であり、近隣の男性からレイプを受けて多重人格が発症したケースはあまり報告されていない。日本は一見、地域や家族から女性の性が守られているように見られる。家庭内においては確かに、アメリカよりも女性の性は守られていると言えるが、地域社会からは、彼女たちの性は守られていないことがうかがえる。

またある時、二四歳の女性が私の外来にやって来た。うつむき、いかにも希望のないうつろな目をして「先生、私は死にたいのです」と言う。しかし、死にたいというのに、なぜ外来にやってくるのであろうか。それはやはり生きたいからに違いないと感じたため、「どうか死ぬと簡単に言わないで欲しい。生きる道を一緒に探そうではないか」と伝えた。

彼女はある田舎で育ち、兄と妹の二人兄妹だという。その兄は非常に利発で勉強もでき、国立大学を出て大企業に就職している。しかし彼女はあまり勉強もできず、成績は真ん中ぐらいで兄のようには目立たないために、両親から可愛がられることがまったくない状態であった。

この寂しさは彼女にはたまらないものであったが、中学校三年の時にボーイフレンドをつくり、その彼と性的関係を含む恋愛関係を得ることで、ようやくほっとしたのである。しかし高校を卒業する頃、彼は彼女を捨てて遠くに去ってしまった。彼女は途方もない孤独を感じ、毎日のように泣きながらも彼を探すのであるが、彼の居場所は不明であり、あきらめざるをえなかった。

彼女は日々、目的もなく街をふらついた。当然そのような女の子は男性のいい餌食であり、男性に誘われた彼女は、いとも簡単に性的関係を結んだ。時には新宿などで、三人の男性に車に無理やり乗せられ、あるマンションに連れて行かれて、ほぼ輪姦に近い形で性的関係を結ばされてしまった。このようなことで彼女はますます自分の人生を投げ捨て、生きる意味を失っていたのである。

両親から仕送りをしてもらっていない彼女は、ソープランドで働くことにした。彼女は美人だったため、多くの客が彼女につき、彼女はしばしその優越感に浸っていた。生活に困ることはなかったが、体力を使うので、それなりに工夫して休んでいた。「もうここまで身を落としてしまった。もはや何も守るものはない」と彼女は開き直っていた。

ある時、毎日のように通ってくる青年がいた。彼は来る度に一〇万円前後の金を置いていった。彼女が「いらない」と言っても、彼は置いていくのである。そして数ヶ月後、彼は「自分の家に来い」と言って、彼女を車で連れて行った。そして彼のマンションに着くなり、彼女は鎖を付けられ縛られて、三ヶ月間拘禁状態にされたのである。

食事は、彼がコンビニで買ったわずかなものが与えられるだけであった。洋服も洗ってもらえず、彼女は彼の性的な遊び道具となっていた。彼女は毎日を泣き過ごしていたが、それもうるさいと叱られる。このように彼女はペット以下の扱いを受けていたが、ある時やっと逃げることができた。都市部に戻ってきたのであるが、さりとて金があるわけではなく、またソープランドに戻るしかなかったのである。ソープランドでは、多くの男性が彼女を目当てに来る。そして仕事が終わった後に、待ち受けていた男性が彼女を自宅に連れて帰ることも多かった。彼女は数千万の貯金を持ち、それが彼女の唯一の誇りであったが、ある意味でそれは屈辱でもあった。

そのような果てに彼女は「死にたい」と言って、外来にやって来たのであった。またその時ですら彼女は、ソープランドで働く男性スタッフに付き添われていた。彼女はもはや逃げようにも逃げられない立場に立っていたのかもしれない。

その後彼女は、ある男性に連れられて地方に逃げていった。その彼は資産家の息子であったが、家で彼は親に金をせびって大暴れし、家庭内暴力を繰り返していた。彼の親は息子に手を焼き、ほぼ放任状態にしていた。彼女はそのような家に連れて行かれた。決して居心地がいいわけではなかったが、ソープで働くよりはまし、鎖で縛られるよりはましと思い、彼の家にしばし居つくことになったのである。

女性を拉致監禁する犯人の心理としては、女性を独占し、遊び道具あるいはペットにしたい、という願望がある。そのような犯罪を起こす男性は、自分と同年代の女性に怯えていることが多い。したがって、年下の女の子を自分の思うがままに操りたい、という願望があるのである。

また昨今では援助交際もありふれたものではあるが、その中でも中年男性と小学校高学年の少女による援助交際も実に多く見られる。正直なところ、男性の中には教員——特に校長や教頭といった、学校内で地位の高い人——がきわめて多い。彼らは少女に、援助交際という買春行為を行うのである。そのようなことをしておきながら、彼らは学校で一体何を指導することができるのであろうか。また男性教諭が小学校三、四年の女子に教室に残るように指示し、性関係を試み、さらに自分のマンションに連れて行きレイプをし、それを別の男性教諭がビデオで撮る、という事件が東京都で起こっている。この犯罪心理も、彼らの職業的アイデンティティと果たしてどのようにつながっているのであろうか。

現代の社会では、このような性的事件はあまりにもありふれている。そのようなニュースを見てもあまり驚くことがなくなったという事実にこそ、私たちは驚かねばならない。

2　性的トラウマと多重人格

ここでは、第一章で触れたマリアという多重人格症の女性について、さらに詳しく述べてみたいと思う。

彼女は二一歳の時に私の外来にやって来た。自分で来たというよりも、夫の助言によりやって来たのである。君は多重人格だと夫に言われ、それを治さなければいけないと要求されたと言う。彼女は三年前に結婚し、一年前に子どもを産んでいる。

子育てが始まる前後から、日常生活での多重人格が顕著になった。何もしゃべらないでいるかと思えば、大暴れをしてナイフを振り回すような人格が出てきたり、子どもを置いて街に飛び出してしまうような人格が出たりする。そうかと思うと非常に優しい女性の人格が出たりするので、夫は戸惑い慌てふためいていたようである。彼女自身は自分の多重人格ぶりにあまり気づいていないようであった。最初の面接日には「私が何かひどいことをやったと、朝、夫から聞かされるのですが、私はただ寝ていたような気がするのです」という解離性健忘*が見られた。多重人格の主人格は、特に初期の場合、交代人格が何をやったか知らないことが多い。つまり、彼女は自分が多重人格であるという意識がないまま、治療を受けなければ夫から離婚を言い渡されるからという理由で現れたのである。

彼女の生育歴を見てみよう。彼女はある地方都市に生まれた。彼女が三、四歳の頃に両親が離婚したため、彼女は母親と暮らしていた。その後、母親は再婚したが、すぐにまた離婚した。その後はさまざまな男性がその家にやって来たが、今では母親は一人で生活し、自営業を営んでいる。マリアは八歳頃まで実の父親に性的虐待を受け、その後も母親の再婚相手に性的虐待を受け、さらにまた母親からの暴力虐待も強く受けていた。そのため「何で自分は生まれたんだろうか。もっと楽な生き方はないだろうか」といつも考えていたという。彼女には妹が一人いたのだが、その妹は母親に可愛がられており、彼女だけが母親から暴力虐待を受けていた。したがって妹ともあまり仲良く付き合うことはなく、孤独な生活がずっと続いていた。そのためか幼少時からきわめて怯えが強く、自己表現の乏

解離性健忘
最近のことや昔の出来事をまったく覚えていなかったり、部分的に思い出せなくなる症状が認められ、且つその原因が精神的なものであるものをいう。健忘は、急性ストレス障害、心的外傷後ストレス障害、身体化障害など、ほかの障害の症状として現れる場合もある。

しい性格であったという。彼女の本名はSといい、その名前を一一歳まで名乗っていたが、二三歳の時に市役所でマリアという名前に正式に変えている。

彼女は中学を卒業すると東京に出て、アルバイトをして貯めたお金でアメリカに渡り、専門学校に入ってボーカルを学んでいたという。アメリカでは、日本に比べ伸び伸びと生活ができ、非常に楽しい七年間を過ごした後、日本に帰ってきた。そして間もなく将来の夫となる人と出会い、結婚をしたのである。夫は二六歳、ロック歌手でプロデューサーでもある。夫の話では、彼女は結婚前から非常に社会性が乏しく、衝動的なところがあり、気分変動も激しかった。彼らは歌に携わるという点で共通しており、その中で夫は彼女の芸術的感性が高いことを見抜き、そこで恋愛感情が生まれ結婚したのだという。しかし、結婚後の生活は安定したものではなかった。彼女が多彩な人格を示すため、夫は当初、その理由がよくわからないまま苦しんでいた。

当初、彼女は自分自身の多重人格について詳しくわかっておらず、彼女の多重人格を一番よく知っているのは一緒に生活している夫であった。主人格から別の人格に変わるのは、大体意識を失って倒れ、目が覚めたときであるのが一般的である。彼女の場合は、例えば夫婦喧嘩や人間関係の悩みなどのトラブルがきっかけになった。そのような時、彼女は突然意識を失って倒れ、そして起き上がったときには別の人格になっていたり、じっと黙っているうちに変わってしまっていたりする。あるいはまた、頭痛が起こり、頭を抱え込んでいるうちに変わることもあるのだという。

夫の一番の悩みは、子どもが生まれたものの、子育てができないのではないか、というものであった。「あなたは多重人格だから、それを治すべきである」と彼女に要求するために私のところにやって来たのである。彼女は私との面接で、自分の日常に多重人格の現象が見られることを述べてはいたが、記憶がはっきりしていなかった。既に述べたように、朝起きてみたら、夫に昨日はこういうことがあった、ああいうことがあった、と色々と言われ、それを覚えていないという解離性健忘を主に訴えていた。

しかし生育歴のことを聞くと、漠然と「自分は小さい時から性的虐待、暴力虐待を受けてきたように思う」ということ、母親は男性遍歴が多彩であったということ、アメリカに行ったこと、そして日本で彼と出会い結婚したこと、などをややうつむき加減の気の弱そうな表情で話していた。

夫によると彼女には一二人の人格があり、彼はその全ての性質を克明にノートに記載していた。夫の記載によれば、まず寡黙で非常におとなしいS（マリア）という人格が元々の人格としてある。マリアは元々、非常におとなしく従順で優しく、そして子どもを非常に可愛がるといった性格である。一方、交代人格であるミクは、非常に自己主張が強く、男を憎み、とても荒っぽい危険な部分があるという。そしてユリという人格は夫と非常に仲が良く、どちらかというと男好きで可愛いそぶりを見せる、女っぽい人格だという。エリカという人格は、何か残酷なものを持っている人格で、しかも八歳前後の子どものような素振りで、やや気の強そうな表情を示すという。ユリやマリアは、男性を呼び込む魅力を持っている。しかし男性が性的な関係を要求すると、ミクという強くて無口な女性が出てきて、その男性を暴力で追い払うのである。つまり彼女は複数の人格に左右され、男性を自ら呼び込んでおきながら追い払う、ということをやっていたのである。

ショウコは料理や掃除が好きで、また非常に我慢強く、たとえ人にぶたれても我慢する人格だという。ヨーコという人格は、自分の母親を恨み、呪っており、きわめて悪い子として行動している。リノという人格は、小さい子どもであり、ほとんど何もしゃべらないでじっとしている。サンドは、まだ幼いけれど皆を眠らせるかのように、優しく世話をする人格である。ジェスという人格は、英語しかしゃべらず、白人のアメリカ人である。リーズは、すべてがわかっているものの、自分の形がない人格だという。またエリという人格は大変頭が良く、すべての人格を観察しており、交代人格のリーダーを務めている。

最も信頼できるのは論理的で頭の良いエリであり、治療はエリと相談して始めることにした。そしてエリは、マリアやユリは男性を呼び込むがノーと言えない人格であるため、ノーと言えるように指導して欲しい、ということを私に伝えていた。

このような複数の人格が彼女に見られるため、まともな家庭生活を送ることができず、夫は子どもを連れて家を飛び出した。家庭を維持するためには、マリアが多くの人格を一つにまとめ、落ち着きを取り戻すことが必須であるということで、夫は私に治療をしてくれるよう要求したのである。

彼女との一回目の面接では、今までの生育歴や現在の生活の情報を聞くだけで終わった。

二回目、三回目は、支持的ながら分析的介入を行い、幼児期の虐待の防衛として多重人格が出現したということを彼女に説明した。四回目では催眠療法に入ることを提案し、「あなたは多重人格だと思われる。実際に多重人格であるかどうかは催眠療法をすることでわかる。また実際に多重人格であれば、治療をして複数の人格を一つにまとめあげることが大切だと思う」と伝えた。

催眠療法は私が彼女に対して行うのだが、これはきわめて深い催眠であり、この催眠によって、彼女の記憶や人格を幼い時に退行させ、その時に受けた外傷体験が明らかになっていった。最初は父親から三、四歳までに性的虐待を受けたことが明らかになり、それを思い出した彼女は泣き、怒った。具体的には、パンツを脱がされ性器をなめられたことや、両親の離婚後、別の女性と再婚した父親に学校帰りに車で山へ連れて行かれ、見知らぬ家のベッドで同じような性的いたずらをされたことを明瞭に思い出した。

その後、催眠療法の中で彼女の年齢を徐々に上げていった。彼女自身、小学校、中学校ぐらいから人格が一〇人ほどに分かれていることに気がついていたという。そして結婚してからその人格が一二人まで増え、いっそう多重的になっていることに気付いたと、催眠療法の中で語っていた。

父親の性的虐待のみならず、母親の暴力虐待も、きわめて悲惨なものであった。彼女は、逆さに吊られ、顔がうっ血するほど髪の毛をつかまれたりして、気を失ったこともたびたびあったという。母親は「離婚したのはお前のせいだ」と言いながら彼女を殴り傷つけ、それによって血が流れることは頻繁にあったという。また小さな部屋や地下室に閉じ込められたこともあるという。彼女はそのような虐待により、学校に行くことはできなかったのだが、小学校や中学校の先生が自宅に来ても、母親は彼女を隠し、学校になぜ行かないのかを明かさなかった。また彼女は、何で自分だけが母親に暴力虐待を受け、妹は虐待を受けなかったのか、まったくわからなかったという。

催眠療法の中で暴力虐待および性的虐待のことを話すと、彼女は泣きじゃくった。感情は充分に発散されていたようである。同時に、虐待をした相手に対する怒りを大きな声で表現していいのだというこちらの促しで、母親、父親への憎しみを次第に大きな声で表現できるようになった。

この催眠療法は、支持療法を含め三時間に及んだ。催眠を最初に受けたその日は、気持ちが楽になったと言っていたが、二、三日経ってから、かえって少し不安になったということで、与えていた抗不安薬を飲むようになっていた。

この不安状態がずっと続いていたので、電話で連絡をとり、緊急で五回目の心理療法のセッションをすることにした。このとき、彼女の人格を一つにまとめるために、自分が持つ複数の人格が発生した時点まで遡《さかのぼ》り、それを記載できるだろうかと聞くと、自分で書くことはできないが口に出して言うことならできそうだということで、彼女の言葉を私が記録した。

彼女はすらすらと、自分の多重人格が発生した時の説明をしてくれた。両親が離婚した後も、父親は彼女に性的虐待を加えていた。母親は他の男性と再婚したが、すぐに別れてしまった。彼女はこの義理の父親からも、性的虐待を受けたという。またその後、母親は入れ代り立ち代り六人ものボーイフレンドを家に連れてくるようになったが、その何人かは彼女に性的虐待を加えたという。その時現れたのがショウコという人格であり、この人格は痛みを感じず、平然と虐待を受け、また我慢強い性格を持っていた。彼女は単に美人であるだけではなく、私の観察では人を無意識的に誘惑する傾向がうかがわれ、演技性人格の典型とも考えられた。しかしそのことをエリは知っており、ユリとマリアのこの誘惑的性格を制限すべきであると考えるのであった。

中学校卒業後、彼女は母親の元を去り、アメリカに渡った。当時、彼女はキリスト教に興味を抱いており、聖書に出てくるマリアという名前にひかれていた。実際にマリアという名前に本名を変え、その時の人格が主人格になっていた。しかしここでもアメリカ人のボーイフレンドから性的虐待を受けそうになり、この時自分を助けてくれたのが、英語を流暢《りゅうちょう》にしゃべり、警官を呼んでくれたジェスという人格であった。このジェスは英語しかしゃべれない白人女性だという。またさらにもう一つの人格が現れ、これをリーズと名づけている。リーズに関して、「形はないけれど皆を見ている、声だけは聞いたことがあるような気がする」と述べていた。

彼女は、多重人格のそれぞれの発生を年代的に語ることができた。この時点で、彼女は自分がかなりまとまってきたと思うと語った。そして「大体、マリアという人格で、自分は変わらないでいられるような気がする」と述べていた。

かくてさまざまな人格が一つにまとまり、一つの人格として落ち着きつつあったが、このマリアという人格で充分まとまることができるかは疑問であった。

日常生活を送るには、マリアは不安定であり、気が弱く、また気まぐれでもあり、時間感覚に疎く、社会人としては多少不適格な人格である。これは今までの育ち方を考えれば仕方がなく、これから除々に社会性を身につけた人格に成長していかなければならないものだと考えられた。彼女は東京でロック歌手としてデビューし、そしてロック歌手と結婚し、その夫はそれなりに成功を収めていた。しかし子供が生まれ子育てをするとなると、さまざまな人格が出てきて、まとまりがつかなくなってしまった。

ある日夫が家に帰ると、お風呂場から子どもが歌っている声が聞こえた。しかし夫が行ってみると、そこで歌っていたのは子どものような表情をした彼女であった。身振りも幼げであり、その姿は子どもそのものであった。また他にも、夫に対して暴力をふるうなどしたため、夫がこれは変だと思い、彼女の様子をテープやビデオなどで撮り私のところに持ってきて、「これは多重人格ではないのか」と言ったのである。私は「おそらく多重人格と考えられる。早く治療をしないと、これは大変なことになりますね」と言っていたのである。しかし実際に治療を行いながらも、夫は彼女が治ろうが治るまいが離婚をするとして、離婚訴訟を起こしていた。

この離婚訴訟の中で、夫は自分が撮影したビデオやテープによって彼女が多重人格であることを証明し、それによって離婚は成立した。子どもの養育権は夫が勝ち取ったのだが、マリアはこれを非常に悲しみ、子どもを返して欲しいと彼を追いかけたのである。

彼女は夫の実家にまで行こうとしたが、ついに子どもを見つけることはできなかった。かくて彼女は離婚し、子どもとの別離を認めざるをえない事態になっていった。

そのような状況の中、彼女には多くの男性が寄って来た。つまり性的に放縦な生活が始まったのである。彼女は金銭面でもこの男性たちに頼っていた。

マリアは二八歳になっていた。再会した父親に、二回レイプされたことを私に告げた。彼女は強硬に抵抗し、父親が家に入らないようにしたのであるが、二回とも失敗してしまった。そのためマリアは父親を相手に刑事訴訟を起こしたのである。彼女は父親に強硬に抵抗したと言い、確かに一回目はそうであった。しかし実際、二回目は、裁判で父親を訴えるために、抵抗せずにあえて主人格のままでレイプを受け、その状況を明白に記憶し、勝訴しようという思惑があったのである。このようなことを考えたのは、交代人格のリーダーであるエリであった。

その裁判の際、相手の弁護士から「レイプされたというが、セックスを誘う人格が出て、そのようなことが起こったのではないか」と問い詰められた。確かにマリアの交代人格には、ユリという男性を誘惑する人格が一人いたのは事実である。それを解明するために、この面接で催眠療法をほどこし、レイプ時にどんな人格が出ていたのかを調べたのである。その結果、第一回目では主人格マリアがショウコに変わっており、我慢強い性格のショウコがレイプを受けていた。第二回目では、人格は変わらず、主人格マリアがレイプを受けていた。これは、あえて自分自身がレイプを受けることで、その記憶を明確にし、裁判の時にそれを語ろうという戦略からである。そのためには、レイプする父親をじっと見つめる必要があった。この面接に際し、ユリを催眠で出したところ、ユリはこの二回目のレイプ事件を全く知らなかった。つまり、男性を性的に誘惑する可能性がある人格ユリは、出ていなかったのである。かくて父からのレイプは交代人格による誘惑ではなく、合意の上ではない一方的なものであることが判明した。私がその事実を裁判で証言し、マリアは勝訴した。

刑事訴訟裁判では、父親が一方的にレイプを行ったということで、七年間の刑期が確定した。この刑期は予想外の長さであり、おそらく幼児期の虐待によって多重人格が発生したという事情が考慮されているものと想像された。刑事訴訟で多重人格の問題が取り上げられ、しかも判決にまで至ったのは、本例が初めてである。そもそも裁判長が多重人格を理解する、あるいは性的外傷で多重人格が発生することを理解してくれるケースは、実際にはきわめてまれである。どの裁判でも「そんなことはありえない」と主張を退けられ、裁判で負けることが多かった。

ある別の事件でも、父親が二人の娘をレイプし、そのために娘二人は多重人格になったと主張したのであるが、「そのようなことはありえない」と裁判長に告げられたのである。しかしこのケースでは、二人の娘に幼少時から多重人格が見られており、その発生時期の早さから、時には三〇ほどの交代人格が現れる深刻なものとなっていた。しかし裁判長の多重人格に対する理解が充分でなかったために、訴えは退けられ、父親は無罪となったのである。

また他のケースでは、四〇歳の主人格に対して怒りを持っている他人格が、ノンバンクから数千万円という多額の借金をすることによって、主人格と夫との喧嘩を起こして離婚させようという試みがなされた。この事件でも、会計士は「多重人格といっても、一つの肉体ですから」と言って多重人格の独自性を認めず、結果的にお金を取り戻すことはできなかった。

また先に述べたマリアの例に戻るが、マリアは私のところで自己主張の訓練を受けていた。ユリという人格が男性を誘惑し、その結果、性的な関係に持ち込まれそうになるとミクが男性を暴力的に追い返すということを繰り返していたために、彼女自身の家庭生活はまったく安定していなかったからである。例えば、ユリは男性を誘惑しすぐに仲良くなるが、彼の部屋に行って性的な関係を迫られると、今度はミクが出てきてその男性に暴力をふるったり、窓ガラスを割るなどして、警察沙汰になるような大騒ぎも度々あったのである。このような危険を避けるためには、拒否することのできないユリの弱さをなくすように指導する必要があった。このことは頭の良いエリと話し合い、私の診察室で訓練を行うことにした。ユリは、学ぶのがうまい方ではなかった。わたしがわざと「今度温泉に行こう」と言うと、すぐに「うん」と答えるのである。「こういう誘惑にはノーと答えるべきである」と伝えるのであるが、彼女はそのことをすぐに忘れてしまう。それでも辛抱強く訓練を行い、少しずつ結果が出てきていたところであった。

しかしある日突然、マリアが集団自殺をしたというニュースが、テレビや新聞で報じられた、私はショックを受けた。彼女は私に「自殺」をほのめかすこともなく、また、そのような雰囲気もまったくなかったからである。

彼女はパソコンで自殺サイトを立ち上げ、自殺志願者を集めて集団自殺を行った。一回目は失敗するのであるが、二回目には練炭による一酸化炭素中毒で集団自殺に成功したのである。遺書はなかった。彼女にしてみれば、離婚をして子供を失い、別人格に翻弄される人生を送りながら私の治療を受けるよりも、いっそのこと死んでしまいたい、という気持ちになったのであろう。

ところで性は本来、子孫を残すための行為であった。しかし現代では、性の快楽の方が主たる目的になっている。快楽を求める傾向は、欲や衝動があふれている現代社会に、まさにぴったりと当てはまるものである。実際、性の営みが快楽化され欲望化されるという風潮が、現代に広がってきている。生物学的な意味を持つ生殖に快楽という要素が加わったことによって、確かに社会は栄えるが、同時に混乱もしてしまう。子供を産むという生殖の本来の目的は忘れられ、性犯罪が増え、性産業がいっそう増加している状況にそれがうかがえるであろう。

このような社会は、一見必然によって形成されたように見えるが、果たして本当にそうであろうか。現代では、生物学的なプロセスはもはや欲望と化し、その欲望に基づく消費社会がある。このように、生物学的な欲望を商品化するという状況は、明らかに進化しすぎた文化であると思わざるをえない。欲望と衝動をコントロールし、バランスを回復させることが、今後の大きな課題となるであろう。

3　きれいであることの病理

昨今は小学生でもさまざまなおしゃれをし、中には大人が持つようなブランド製品を持っている子どももいる。また小学生や中学生向けの雑誌の中心的な内容はファッションであり、顔の美しいモデルの記事もきわめて多い。モデルたちが出演するファッションショーにはそのような小・中学生が多く集まり、大変な賑わいを示している。

私もそのような子どもたちを患者として診ていたことがある。小学校六年生の彼女はいつもその雑誌を持ってきて「この子がいい、この子のようになりたい。お母さん、この子のようにして。美容形成してもいいから」などと母親に要求していた。また男性では、小学校高学年あるいは中学校あたりからヘアスタイルや洋服などが派手になり、自己顕示欲を発揮している男の子が多くなっている。このように現代では、美しさというものがきわめて重要な価値を持っていると言ってよい。「衣食足りて美醜を知る」と私は論じているが、食べるもの、着るものが満ち足りると、自分の美醜にこだわってしまうものなのであろう。

十数年も前から、このような美醜にこだわった「身体醜形障害（醜形恐怖）」の患者が多くなってきた。身体醜形障害の性質を持つ人は「自分の顔は醜い、絶対に美しくあらねばならない、美しくして欲しい」と考えているため、美容形成手術を望む人も多い。かつては女子高生、大学生、ＯＬなどが多かった。しかしその頃の女性の訴えというのは、目を二重にしたい、鼻を高くしたいという、日本人にはありふれたコンプレックスからくる醜形恐怖であった。しかしその頃ですら、醜形恐怖の病理はきわめてひどいものであった。

一四、五年ほど前に診た、ある女子学生は「目は二重だけれど、充分二重ではないから手術したい。こんな顔では外に出られない」と言い、入学した大学に三日しか登校せず、ずっと家にこもり二年が経っていた。「こんな子を生んだ母親を憎む」と言い、家庭内暴力も起こしていた。

あるとき彼女が「先生、この足を見てください。青く腫れているでしょう。こういう暴力を母は平然と行うんですよ。こんな母親なんていらないですよね」と私に言った。すると母親が横から入ってきて、「先生、とんでもないですよ。私の足こそ見てください」と言うので私が見ると、両足は丸太のように膨れ上がっていた。家庭では、家庭内暴力なのか虐待なのか区別できないような争いが繰り広げられていたのである。

彼女はとうとう形成外科の手術をした。翌日私の外来に来て「先生、私の顔どこか変わったところはありませんか」と言うのだが、私はうかつにもまったく見つけることができずに「どこが変わったんだろうね」などとのんきなことを言っていたら、「ここですよ、ここ」と言って瞼《まぶた》を指差したのである。しかし手術直後であっただけに、瞼は浮腫状にふくれ上がって、むしろ醜い形になっていたのである。さすがに私も、美しいという言葉が出なかったものだ。

「先生、これで美しいでしょう」と聞かれ、「ああ、そ、そうだね」とおろおろして答えると、「でも、これではまだ満足できないです。また手術すると思います」などと言う。「おいおい、そんな手術してもしょうがないよ、やめとこうよ。まあ、顔よりも心を磨くべきじゃないか」と、道徳家のように言うのが精一杯だった。

しかしその一週間後、彼女はビルから飛び降りて自殺してしまった。自分の顔の美醜にこだわって自殺した患者は、これがはじめてだった。ある有名な私立女子大学の学生だったが、なぜそれを抑えるだけの知性や理性がなかったのだろうかと、つくづく嘆かれるものであった。

醜形恐怖は後に「身体醜形障害」という名前に変わったが、これは十数年ほど前から非常に増えてきた障害であり、私の患者でも、常時三、四人はいるほどである。

ある男性の患者は、顔のえらが張っていることを気に病み、入学した有名私立大学にも行かず、家に引きこもっていた。彼は私に「美容形成手術でこのエラを削りたい」と言っていたのである。ところがそれを訴えていた最中に私の顔を見て、私のえらが張っているのに気づき、「先生の方がすごいですね」と驚いていた。そして「先生は、その顔で外に出るのですか」と真面目に聞くのであった。私は苦笑いをしながら、「私はこんなにエラが出ていても、平気なんだよ。君に言われるまで、気がつかなかったけどね」と答えたものであった。しかしその後、彼は大学をやめ、いよいよ本格的なひきこもりになってしまった。

多くの患者はこのようにひきこもりになってしまうため、母親に連れられて外来に来る。「顔全体が醜い、特に目が細い」と訴えてきた女性がいた。彼女は関西から新幹線ではるばるやって来たのだが、人に自分の顔を見られるのがいやだということで、トイレにずっと隠れていたとのことである。また電車などでも、座席に座ると反対側に座っている人と目が合うことが多くなるため、彼らは決して座らずに入り口のところで外を見ていることが多い。

ともかくこの彼女が私のところに来て「顔が醜いので治して欲しい。本当は精神科よりも形成外科の方がよいのだけれど、母親が連れて行ってくれないので、こちらに仕方なくやって来ました」ということであった。

彼女の顔を見て私はびっくりした。とても美人なのである。こんなに美人なのに自分を醜いというのだから、どういう認識をしているのだろうかと考えたものであった。私が「君は美人じゃないか。たいしたものだよ。まるで女優みたいだよ」と言うと、彼女は「先生、それは言わないでください。それはお世辞だってことはわかっていますから。いくらそんなに私をほめても、私は自分が美しいなんて考えるわけはないのですから。私を持ち上げて良くしようなどという戦術はやめて下さい」と言うのであった。その後私は、このような醜形恐怖の患者に一度だけは「美しいね、美しい顔じゃないか」と言うけれども、二回以上はあまり言わないことにしている。何度言っても効果はなく、むしろ信用をなくしてしまうからである。

彼女は母親の熱心な応援もあって、月に一回遠くから通ってくる。私はまず、散歩に出ることを勧めた。はじめは五分でもよい、その次は一〇分、その次は三〇分というように、少しずつ外を散歩するよう彼女に伝えた。これは一見簡単なようであるが、患者にとっては大変なことである。醜いと思い込んでいる自分の顔を人の前にさらけ出すことは、彼らにとってとても恐ろしい出来事なのである。そのため、この恐怖に打ち勝つ練習をまず行うことが、治療の主目的なのである。これは曝露療法*という、行動療法の一種である。やがて彼女はスーパーマーケットにも行けるようになり、電車にも乗れるようになった。このように大体の場所に行けるようになるのには半年以上かかった。

その後、彼女がデザイン関係の会社に入ったことには私も驚いた。しかし彼女は毎朝起きにくい、あるいは家から出にくいという状況であるにもかかわらず、自分に気合を入れて、その会社に通っていたのである。会社にも少しずつ慣れ始め、出社するのにまったく問題はなくなっていた。はじめは会社の飲み会にはほとんど参加しなかったが、やがて少しずつ参加できるようになった。そうこうしている内に、彼女のデザインはとても能力が

曝露療法
不安障害の治療法のひとつ。恐怖反応が生じなくなるまで不安惹起刺激に患者が身をさらす治療法。

あるということで社長にほめられ、彼女はますます自信をつけていった。

かくて彼女の身体醜形障害は、ほとんど消えてしまったのである。彼女はニコニコと笑い、「ありがとうございました」と私のところに挨拶に来た。お母さんは涙を浮かべて喜んでいた。しかしこの症状を治したのは最終的に彼女自身であった。このような形で、うまく治った例もある。

またある患者で、自分は醜いと言って、まったく外に出ないという男性がやって来たことがあった。彼の顔を見るとはっとするほどの美男子であり、芸能界にもこんな美男子のスターはいない、と思われた。私は思わず「ハンサムだね」と言ってしまったが、彼には「先生、それは言わないでください。こんなひどい顔はないんですから、外に出られないんです」と言われてしまった。かくて彼との話し合いを行ったのであるが、彼はその後も外に出ることはできなかった。私のクリニックには車でやって来て、その際も大きなサングラスと大きな帽子で顔を隠して来るのである。何度も心理療法を行ったのだが、うまくいかなかった。

このような身体醜形障害の症状は一種の強迫観念であり、それがひどくなると妄想となってしまう。そのような強迫観念や妄想に対して心理療法はあまり効くものではなく、やはり曝露療法が地味ながら最も有効な方法である。また効果は薄いながらＳＳＲＩ、ハロペリドールを少量使う。

またある男性は、車内が外から見えないように窓に黒いガラスをはめた車に乗って、私のところにやって来た。このように醜形恐怖の人たちはさまざまに工夫を凝らしている。それは彼らにとっては必死の試みなのである。

その彼に対して私は最初から曝露療法を用い、「少しずつ外に出ていこう。それを約束しよう。近所のお店から、やがて駅、デパートといったところに広げていこう」と伝えた。彼はその約束をよく守ってくれて、症状はどんどん改善していった。とうとう車なしでも外を歩けるようになり、あるコンビニエンスストアに勤められるまでになった。初めは職場にいても、「皆がうわさをして自分の顔が変だと笑っているように感じるんですよね」と嘆いていたが、それも段々なくなり、やがて彼は職場の責任者になった。かくて彼の醜形恐怖は、治ったのである。

身体醜形障害は、一見単純なようであるが、きわめて複雑な疾患である。ある身体醜形障害の女性は、家で包丁を持って大暴れをし、警察を呼ばれ病院に措置入院になった例もあるぐらいである。彼女は措置入院後も病院で大暴れをしていたのであるが、半年ほど過ぎると彼女は突然治ったらしく、私に電話をかけてきて、「先生、私もう醜形恐怖じゃないよ。顔のことも気にしないし、メイクもしないし、もう何もしなくても外を歩けるんですよ。今度先生のところに行くからね」と伝えてきた。その声は明るく、「これは本当に治ったな」とつくづく思ったものであった。この場合の治療過程もきわめて厳しくつらいものであったが、それほどまでに身体醜形恐怖の治療というのは困難なのである。

美しくなければならないというその考えは、多くの少女や青少年が抱いている考えであり、それを突出して表しているのがこの身体醜形障害であると考えられる。この障害は現代病の一種であり、衣食足りて初めて現れてくる精神障害であると考えてよいであろう。自分の容姿がおかしくないと思いたくても、おかしいと思わざるをえないと考えてしまう強迫観念でもあるし、完全に自分の顔が醜いと確信する妄想障害でもある。

ところでアメリカの有名な歌手マイケル・ジャクソンの美容形成の変遷は、明らかに身体醜形障害者の顔の作り方である。あの不気味な白い顔、石膏のような皮膚、あの顔をマイケル・ジャクソンは美しいと思っているのであろう。この確信こそ、まさに身体醜形障害者の独特の観念であり、強迫観念あるいは妄想である。彼の身体醜形障害を、今から治そうとするのは不可能であろう。まず自分が病的だと認識しておらず、またもう既に美容形成外科の手術を受けているからである。このように身体醜形障害は着々と進行しており、スターがそれを人に見せることでいっそうこの障害が広がっていくのは、残念なことと言わざるをえない。

今の若い人たちは、概しておしゃれがうまい。お化粧もかつてのように「いかにもお化粧しました」という濃く派手なものではなく、さりげないお化粧であり、それを見れば、現代においていかに美的感覚が進んでいるかということがわかる。美醜に対する真のバランス感覚を充分に備えた人ならば、顔の美醜にこだわることは決してマイナスなことではなく、ある意味でより高級な人間の行為だとも言えよう。

アメリカの知能テストで最も高配点の項目が、画かれた顔を見せてどちらが美しいかを選択する項目であったことは、きわめて意外な事実である。それは子供向けの知能テストであり、このような美醜を早くから分別できることが知能の高さを示すものであったのである。そして、その際の「美」とは、顔のバランスの美しさである。普通の人の顔にもバランスの美しさは充分にある。身体醜形障害の人にはこのバランス感覚が欠けているのであろう。

そしてまた身体醜形障害の人は外観的な美醜ばかりにこだわるが、一般に顔というものはその人の性格や考えをあらわしているものである。人間が美醜で一番注目するポイントは、目であることが多い。目は網膜に受けた光刺激を視神経を介して大脳に伝達する。視神経はもっとも多くの情報を脳に供給する入り口であるから、性格や知能、その他あらゆるセンスは、自然とその目の輝きの中にあらわれて来るのである。外観ばかりを重視していたのでは、本当の美しさは得られないであろう。実際、本当の美人は、知性や精神のバランスのとれた美しさを兼ね備えた顔であることが多いものである。

しかし身体醜形障害の患者は外観ばかりにこだわり、例えば肌が白くなければ美しくない、他方では、肌が黒くなければ可愛くないといって日焼けサロンにせっせと通う女性もいる。肌の色は明らかに個性のあらわれであるが、そこには時に病的な観念が混入しているものである。

ともあれ顔は心のあらわれであり、心のあらわれは顔にあらわれる。したがって自分の心を磨くことが、顔のバランスを良くすることでもある。不細工、ブスといった言葉は、女学生の喧嘩や陰口の際に頻繁に出てくる言葉であるが、そのような言葉を使う人の心こそが不細工なのであろう。

またバランス感覚についても、そこにはやはりその人の個性が含まれているのであろう。個性的な顔や性格はわれわれの人生をバラエティに富ませてくれるものであり、それがバランスよいものであれば、われわれ自身の生活、社会は楽しいものになるであろう。

4　強迫性障害の問題点

その潔癖癖のために、外に出て物に触れることを嫌がり、外出がまったくできないという人がいる。このような極端な潔癖癖を、強迫性障害と呼んでいる。強迫性障害に見られるさまざまな症状のなかで、最も多く見られるのは洗浄強迫である。手洗いには一、二時間もかかり、シャワーも二、三時間、入浴も三、四時間かかるなど、自分の身体を洗うことに大変な時間を費やすものである。

しかし、あまりに頻繁に手を洗うために手があかぎれのような状態になり、その傷口から細菌が入るなどして、逆に手が荒れて汚くなってしまうこともある。しかし彼らはそれを気にせず、自分が納得するまで洗い続ける。家族は驚いて止めようとするものの、やがてあきらめてしまう。そのような時期に、彼らは病院を訪れるのである。

そのほか強迫性障害の症状には、接触強迫、儀式的強迫などがある。儀式的強迫とは、何かを行う際に自分流の儀式があり、それを済まさなければ気がすまない、という症状を言う。例えば自分流の洋服の着方があり、それがすっとうまくできるまで、いつまでも繰り返す。あるいはまた家を出る時の玄関の出方が自分流の感覚で出られないと言って、何度も同じ行為を繰り返す、という人もいる。彼らが自分の極端な潔癖癖をどう思うかはさまざまであり、強迫観念を自分でもおかしいと思うけれどもその考えを止められないというタイプから、完全に信じきってしまう妄想タイプまでいる。

現代は、清潔であることが何よりも優先される社会である。より清潔であることが先端を行くことの一つの象徴となってきた。きれいなビル、きれいな部屋、きれいな椅子、きれいな机、そしてまたきれいな洋服、きれいな顔といったように、すべてにおいて清潔であるということが、ますます要求されている。

そのような現代において、潔癖癖は強迫性障害だけでなくとも、さまざまなところで見られる。女性には毎食後に必ず歯磨きをする人が多くいるが、その時間の長さには驚かされてしまう。また出勤前の洗顔時間やお化粧の時間も強迫的に長く、鏡を見る時間もきわめて長い。これは、時間を本来の生産活動には使っていないという点で、いかにも裕福な現代社会を表しているものであるが、社会の生産活動という観点から見れば、いささか効率が悪いと言わざるをえない。しかし、きれいさを求めるあまりに、手や身体を何時間も洗い続けたり、物に触れることができないために外に出ないということになれば、それは病的と言わざるをえない。それは現代的美意識の行き過ぎた結果であり、行き過ぎた進化と言い換えてもよいであろう。

強迫性障害の治療はきわめて困難なものである。昨今のアメリカの本には、「精神分析や心理療法で強迫性障害を治すことは困難であり、むしろ行動療法、認知行動療法、薬物療法を利用すべきである。しかもその薬物療法も決して顕著に効くものではない」と述べられている。となると、強迫性障害は現代の精神医学にとって治りにくい精神障害のひとつであると言ってよい。

ある女性は、外出先で水を見るとそれを尿だと感じ、汚れるのではないかとおびえて外に出なかったり、外出をしたとしても家に戻ってしまったりする。あるいはまた、赤い色をした液体を見るとそれを血だと思い、その液体の中にＡＩＤＳウィルスがいるのではないかとおびえて、赤っぽい水を見るとすぐに家に帰ってしまう。以下はその女性とのやりとりを書き留めたものである。

「どうしてＡＩＤＳがうつると思いますか？」

「それは血がそこにあって、私のところに飛び跳ねてくるからです」

「でも、まずそこにＡＩＤＳウィルスがある可能性は、ほとんどゼロでしょう」と言うと、

「ゼロと言えますか？　まったくゼロと言えるんですね」

「まあ、ないでしょう」

「まあない、とおっしゃるじゃないですか。まあない、では納得できないんですよ」

「仮にそれが血だとしましょう。そしてそこにＡＩＤＳウィルスがあるとしましょう。実際ＡＩＤＳウィルスは空気に触れれば間もなく死んでしまうのですが…」

「間もなくでしょう、すぐに死んでしまうわけではないでしょう。数秒のうちに死ぬとか、そういうことはわからないでしょう」

「わかりませんね、確かに。でもウィルスは空気に触れれば大体死ぬのですから、数秒のうちに死ぬと言っていいんじゃないですか」

「いいんじゃないですか、では困るのです。必ず死ぬ、と言わなければ困るのです」

「じゃあ、その水が血であり、その中にＡＩＤＳウィルスがあるとしましょう。それでは、どうやってそれがあなたの体の中に入るのですか？」

「まずその血を私がハイヒールで踏んだとしましょう。そうするとそれが飛び跳ねて、スカートの下から下着を通って私の性器に触れてしまえば、それでうつるではないですか」

「ちょっと待ってください。垂直に飛び跳ねることは可能ですか？　しかも自分の下着にまで達する、いや性器そのものに達するのは可能ですか？」

「じゃあ、不可能でしょうか？　私の言う理屈は、不可能でしょうか？」

「いや、ほとんど不可能ですよ」

「ほとんどでしょう？　完全に不可能ではないでしょう？」

このように会話はややこしい議論となってしまい、カウンセラーはほとほと参ってしまうのである。このように強迫的な潔癖癖を持っている人と議論をすると、われわれの方が疲れ果ててしまうことが多い。彼らの主張することは奇妙といえば奇妙なのだが、奇妙ということを証明し、彼らに理解させること自体がそもそも難しい。

このような清潔志向もある程度までであれば人間の生存にとって不可欠な感覚であるが、行き過ぎるとそれは無意味な潔癖癖となってしまう。それは行き過ぎた進化の結果であり単なる無駄でしかない。きれい好きな人が、きれいさを求めて部屋を掃除ばかりしていたとすれば、その部屋はもはや仕事をするための場所ではなく、掃除をするための部屋となってしまう。

このように、強迫性障害は、ある一つの項目に対して極端に潔癖であるために、それを取り除く行為に長い時間を費やす症状が中心的な障害である。

強迫性障害に類似したものに、全て整理され、きれいでなければ気が済まないという完全癖を症状としてもつ強迫性人格障害がある。強迫性障害と強迫性人格障害は、ある部分で重なるものであるが、異なる点もある。既に述べたように、強迫性障害には一部のものに極度にこだわる性質が見られるが、強迫性人格障害には生活全体に対する完全癖かつ潔癖癖が見られる。生活する上で、すべてがきれいに整頓されていなければならない、という完全癖を持つが、それによって生活ができなくなるといった障害を強く受けることは少ない。

強迫性人格障害者の部屋は驚くほど整然としており、ほこりもまったく見られない。会社の机も几帳面に整理・掃除されている。しかし整理・掃除に費やす時間は、強迫性障害者ほど多くはない。強迫性人格障害者の中には、部屋に入るなり机の上に手を当て、ほこりがあるかないかをまず確かめる者も多い。それは周囲の人間にとっては、不愉快な行為であるかもしれない。しかしこの強迫性人格障害も極端でなければ、部屋のきれいさと清潔さ、整然とした雰囲気を適度に保つことができ、周囲の人の気持ちをほぐしてくれるに違いない。結局は、「過ぎたるは及ばざるが如し」なのである。

強迫性人格障害者は概して仕事が大好きである。しかし遊び心やユーモアがないために、接していると何かきつく窮屈な印象を受ける。ユーモアや冗談も無視されるために、場の雰囲気が固く硬直したものになってしまう。つまり、ユーモアや遊び心というものは、彼らにとっては無駄なものなのである。しかし人間の本質はユーモアや遊び心にこそある、とも考えられる。ホイジンガーは「遊びこそ人間の本質である」と言っており、日本でも「遊びをせんとや生まれけん」(『梁塵秘抄』)という平安時代末期の考えがある。また遊び心がなければ、新しい発明や発見はなかなか生まれないものであろう。

破壊から新しいものが生まれることもある。新しいものが生まれるためには、古いものが破壊されるというきっかけがなければならないからである。不幸な具体例ではあるが、新しい発明・発見は戦争が起こるたびに一挙に起こっている。それは戦争によって破壊行為をより能率よく行うことが追求されるからであり、それに対して多くの時間と予算が費やされ、開発のチャンスも多くなるからである。つまり創造とは、古いものを壊し新しいものを作るということである。ところが、強迫性人格障害者は古いもの、既存の価値や概念にこだわることが多く見られる。そのために、彼らから創造性を見つけることは、きわめて難しいこととなる。

アメリカではこのような創造性がなく、完全癖を持つような性格を「役人気質」と呼んでいる。そのような性質は、規律を重んじる場では良いとされるが、規律から離れて新しいものを創造しなければならない場には、不向きであることは言うまでもない。日本でよく聞かれる「前例にしたがって」という役人言葉は、前例を超えた新しい何かを目指す意欲がないということでもある。このように、強迫性人格障害者が持つ行き過ぎた完全癖には、かえって創造の効率性に悪影響がある。必要な物事に対してだけ完全癖で対応し、他のものを無視できる、という選択的な完全主義ならば、きわめて能率的で仕事もうまくいくに違いない。また学生であれば勉強の能率も上がるだろう。しかし重要か重要でないかという判断なしに、すべての物事に対して完全に対応しようとすれば、時間のロスが大きくなっていくだけで、努力をしている割には実際の成果があがらない、ということになる。やはりそのためには、物事の質的な差を考慮しなければならない。

しかし、強迫性人格障害者は、決まりきったことをうまくやりこなすのは優れている。また物やお金を貯めることにも強く興味を持つために、中には大事業を成す者もいる。たとえばアメリカの大富豪ハワード・ヒューズは、物に触ることができず、人生の後半を、ほとんど自分の部屋で過ごしたと言ってもよいほどの強度な強迫性障害であったが、自室の電話から各地に指示を出し、スーパーマーケットを次々に成功させたのである。

他にも、その完全癖は受験勉強などの画一的な勉強に向いている。完全に理解しなければ納得できないという傾向は、学力や点数を上げるには向いているに違いない。実際、受験秀才にはこのようなタイプが多く見られる。しかし彼らは感情が発達しておらず、あるいは感情の柔らかさがなく、対人関係もぎこちなく、人との交流に難しさが残る。先ほど述べたようにユーモアが理解できないために、勉強ができたとしても固い雰囲気が漂うだけの人間になってしまう。

また彼らの中には、うつ病やパニック障害になる者が多い。彼らは、規律があり完全癖が活かされる場では安心感を持てるが、現代は社会的な変動、価値の変動が激しい時代である。そのような現代において、彼らは変化に対応するために四苦八苦せざるをえない。彼らは突然の変化に対応できず、うつ病やパニック障害になってしまうのである。

5　未成熟であることの問題

昨今、未成年、つまり二〇歳未満の結婚がきわめて多い。それらの多くはいわゆる「できちゃった結婚」であり、将来設計を持たぬまま衝動的に結婚してしまう。

このような未成熟婚に顕著に見られるのは、幼児虐待である。計画性がなく、お互いの性格をよく知った上での結婚ではないがゆえに、子育てのために遊ぶことが制限されるとイライラしやすく、その結果子どもを虐待してしまうのである。その他の要因としては、未成熟であるがゆえ、母性・父性が十分に発達していないために虐待に至る場合や、経済的な余裕がないことに起因する虐待も多い。

また同棲といった形式も未成年によく見られるものである。高校時代から同棲をしているというケースは、今や珍しくはない。しかも通常は実家を出て同棲するものであるが、昨今は親の認可のもと、どちらかの実家で同棲することもある。この形を同棲と呼べるのかどうかは疑問ではあるが、アパートを借りるお金がないために、そしてまた心理的に親からの自立ができていないために、実家で同棲しているのであろう。やがて子どもたちは、親の社会的体面による強制から結婚せざるをえなくなるのであるが、そもそもこのような結婚がうまくいくはずはなく、その多くは、二、三年で離婚してしまう。昨今の青少年は成熟が遅れており未成熟であるにもかかわらず、行動形態だけは大人の形をとり、衝動的に結婚に至るのである。

親との確執などで悩み、相談に来ていた一七歳の女の子は、ある日突然私のところに「先生、子供ができちゃった。そして私たち、結婚するんです」と電話をかけてきた。私はそれを聞いて、驚かざるをえなかった。彼女は高校には行っておらず、アルバイトをしながら生活をしていたのであるが、リストカットやアルコール依存、性的交遊がひどく、家に帰ることはめったになかった。男性の家を転々とし、あるところでは長く同棲していたりしていた。両親は離婚し、兄弟もバラバラになり、父親だけの家庭であった。このような状況で妊娠し、その結果結婚したのである。「子供ができちゃった。結婚するんだ」と屈託なく言う一七歳の少女のあっけらかんとした明るさの内に、かえって私は不安を感じるのみであった。その無責任性というものに、憂慮せざるをえなかったのである。

またある一七歳の女子高校生は、不登校であり、そのことが原因で親とのトラブルが多かった。親とのトラブルが繰り返されるなかで、突然、一七歳の男性——この男性もまた高校を中退して家業を手伝っている形になっている——と仲良くなり、彼の実家に泊まりこみ、自分の家にはまったく帰らないことが多くなった。そして奇妙な同棲生活が始まったのである。彼女はその家にいて、家の手伝いをするわけでもなく、また外でアルバイトをするというわけでもない。それでも彼女の親は、彼女に小遣いや生活費を与えていた。一方で男性の実家は、彼女が来ても別に気にする風でもなかった。少女の実家は、自分の自己主張が最終的には必ず通ってしまう、しつけなき過保護の家であり、男性の実家も、息子がいいと言えばいいという、いわゆる子供中心の家庭なのであった。しかしその結果少女は妊娠し、両方の親は大慌てして中絶させざるを得なかった。少女は「子供を産みたい」と泣き叫んでいたが、一方で子供を産むに足る条件を考えていたのであろうか、と考えると決してそうは思えず、その無責任性にはあきれるものがあった。

また昨今われわれの外来には、二〇歳前後の若者たち、特に女性の場合ほとんどが、異性の友人と一緒に来ることが多い。初めはあまり気がつかなかったのであるが、そのうちあまりの多さに気がつかざるをえなくなった。もはやそれが普通の外来風景なのである。

そしてその友人を私に紹介して診察室に入る、というような礼儀を持っている子ならまだしも、大体彼らは挨拶もせずに入ってくる。その男性が私の外来に来たのかと思うと、実は女性の方が患者であることが多いのである。現代では男女のカップルはすぐに出来上がり、そしてまた数ヶ月後にはこのカップルは解消してしまう。そして別れた後に妊娠し、中絶するケースもきわめて多い。そのような女性の中には、売春まがいの援助交際をしたり、年齢を偽って水商売で生活費を稼ぐ者が多いが、これは実際には未成年就労である。

青少年の中には、ひきこもりなど未成熟そのものの生活を呈している者がいると思えば、未成熟でありながら成熟しているかのような形態をとっている者もいる。どちらも現代の青少年の姿なのであり、そのような昨今の青少年の問題は、大きな社会問題となっている。

第4章　学校の崩壊

1　学校崩壊の実際

学校内暴力の発生校件数は、平成一三（二〇〇一）年度において、小学校では全学校の2.2％、中学校では全学校の33.7％、そして高等学校では全学校の46.2％にのぼる。校内暴力は高等学校が一番多く、次いで中学校が多くなっている。この流れは決して変わるものではない。また校内暴力のうち、教師への暴力は平成一三年度は小学校で二一〇件、中学校で四、三二一件、高等学校で七六四件、学校外で発生したものが、小学校で二件、中学校で六一件、高等学校で一二件であった。このように教師への暴力は、中学校で一番多く発生している。

生徒間暴力は、平成一三年度では、小学校三三九件、中学校二、六六二件、高等学校一、四八五件、で中学校が一番多い。また平成一四（二〇〇二）年度では、性の逸脱行為、及び被害で補導された少年は四、六一五人で、前年度よりも6.0％増加している。中学、高校生の割合が70.2％を占めており、これらの動機は遊ぶ金が欲しい、という理由が最も多い。

細かく述べると、性の逸脱被害で保護した少年の学識別状況は、平成一四年度は小学生二六件、中学生一、四二五件、高校生一、八一二件、大学生二五件、という状況である。中学、高校生が中心であり、小学生も次第に増えている傾向が見られるものである。性の逸脱行為の動機については、平成一四年度では、「好奇心に駆られて」五九七件、次いで「特定の男性が好きで」六七〇件、「遊ぶ金が欲しくて」一、九〇三件、次いで「セックスが好きで」一一五件、「自暴自棄」二三件、「生活苦など金に困って」四二件、「その他」七三件、となっている。

また不登校については、平成一三年度に三〇日以上学校を欠席した不登校児童生徒数は小学生二六、五一一人、中学生一一二、二一一人、前年度に比べると小学生は0.5％増加、中学生は4.0％増加となっている。不登校者の数は、平成六（一九九四）年度からのデータを見ても、年々増加しており、平成一三年度では過去最高となっている。全児童数に対する割合は、小学生は平成一三年度は0.36％である。これも当然、平成六年度から一三年度にかけて増えている。中学生は平成一三年度は比率で言えば2.81％である。これも平成六年度からずっと増え続けているものである。このように不登校は、中学生を中心として今なお増え続けている。

自殺者は、平成一三年度では少年の自殺は五八六人で、前年度に比べて一二人減少した。この中身を見ると、平成一三年度では小学生一一人、中学生七八人、高校生一九一人、大学生六五人、その他四九人となっている。女性に関しては、小学校は四人、中学生二九人、高校生七〇人、大学生二二人、その他一二人となっている。自殺となると、高校生が一番割合が高く、次いで中学生、その次が大学生となっている。

いじめの発生は、平成一三年度では、小学校では二、八〇六校、発生率は11.8％、一校当たりの発生件数は0.3となる。中学校は、四、一七九校、発生率は40.1％、一校当たりの発生件数は1.6となっている。高等学校は、一、〇五〇校、発生率は25.3％、一校当たりの発生件数は0.5となっている。このように、いじめは中学生が中心である状況は依然として続いている。

2　少年非行

平成一六（二〇〇四）年版の警察白書［警察庁、2004］によれば、平成一五（二〇〇五）年中の少年非行は刑法犯少年の検挙人員が平成一三、一四年と引き続き増加したという。凶悪犯の検挙人員が11.4％増加するなど、依然として深刻であると報告されている。刑法犯総検挙人員を占める少年の割合は、38.0％と高率であった。つまり同年齢人口の一、〇〇〇人当たりの刑法犯少年の検挙人員は、一七・五人ときわめて高いものである。**図1**に見られるように、刑法犯少年の検挙人員で、少年人口比は毎年上がっている。もちろん、途中顕著に上がっている部分があるが、全体から見ると少しずつ上がっているものである。

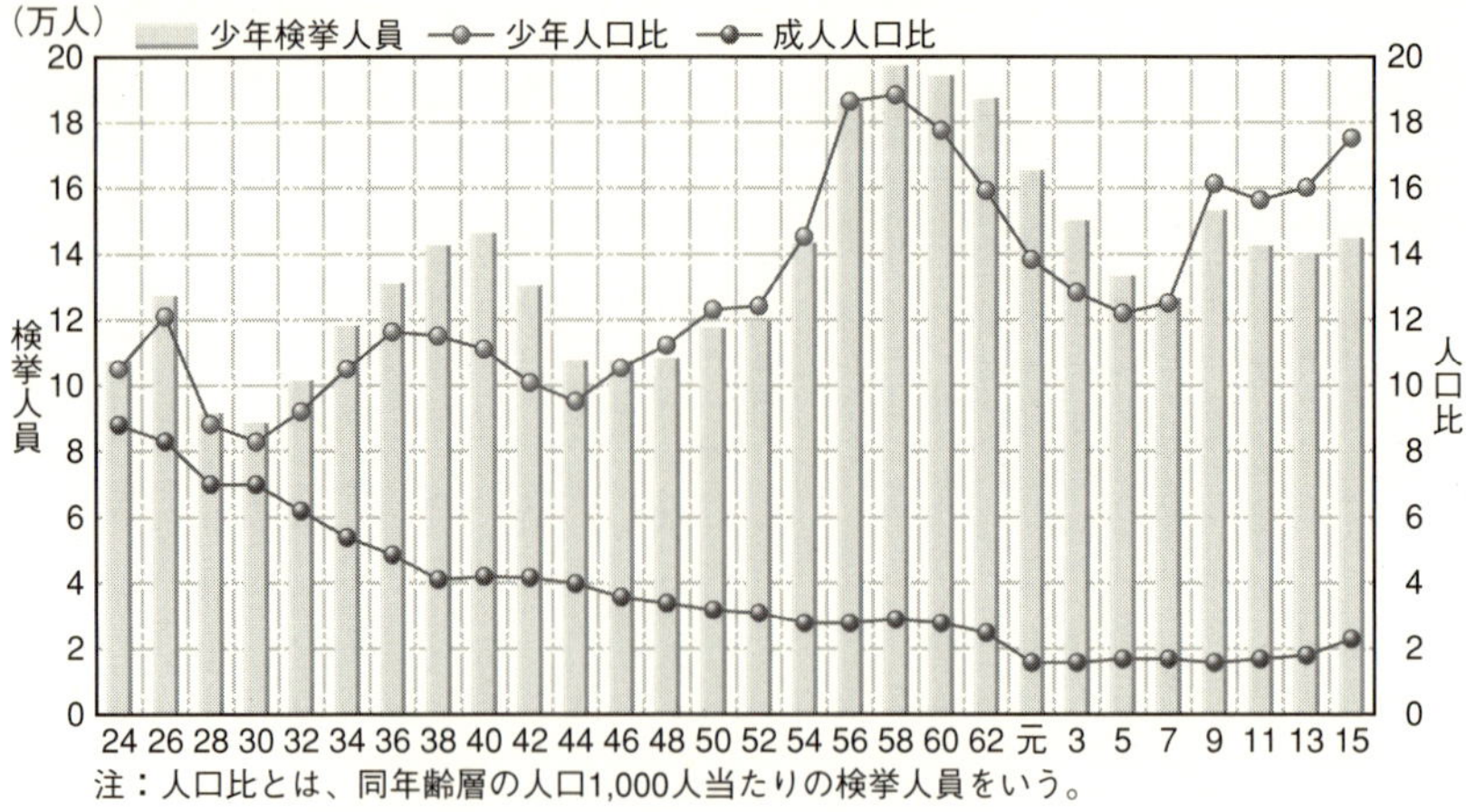

図１　刑法犯少年の検挙人員、人口比の推移（昭和24～平成15年）

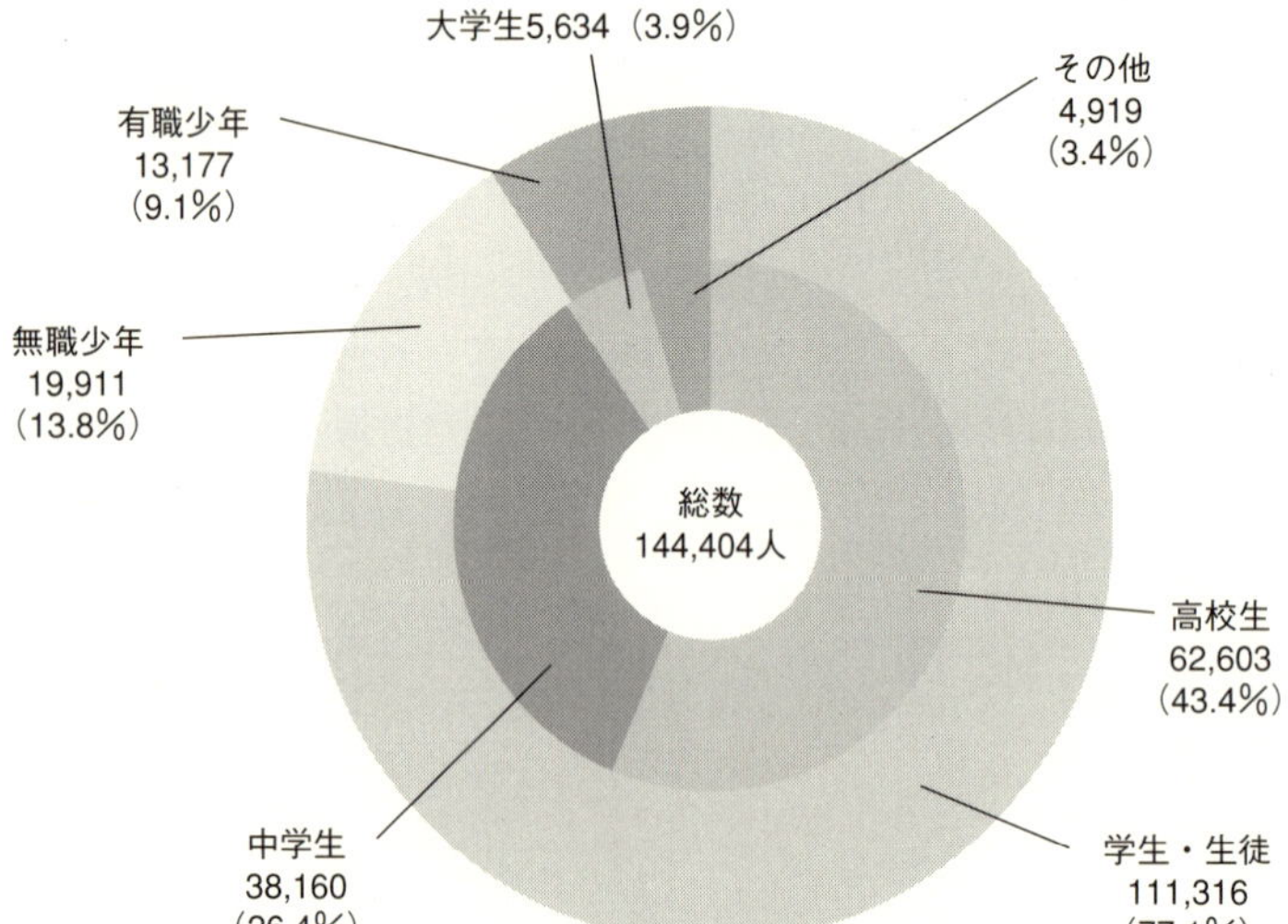

図２　刑法犯少年の学識別検挙状況（平成15年）

それと相対的に、成人刑法犯の人口比は低くなっている。このように少年犯罪は成人犯罪に比べると、顕著に増えつつあり、少年犯罪の深刻さがわかる。**図2**は、学識別検挙状況であるが、一番多いのは高校生43.4％、次いで中学生26.4％、次いで大学生3.9％、その他3.4％となり、高校生が圧倒的に多いことがわかる。またまとめると、学生と分類される青少年たちは、刑法犯のうち77.1％であり、無職少年が13.8％、有職少年が9.1％であった。このように学生の犯罪率はきわめて高く、次いで無職少年となっている。また凶悪犯少年、粗暴犯少年の検挙人員の推移を見ると、**表1**には、平成六（一九九四）年から平成一五（二〇〇三）年までのデータが載っているが、凶悪犯は顕著に増加しており、粗暴犯はある一定の線で止まっている。また一四歳に至らない粗暴少年の補導人員の推移であるが、刑法犯総数では平成六年から平成一五年までそう変わるものではない。しかし凶悪犯は、平成六年の一八五人から平成一五年の二一二人と少しずつ上がっている傾向にある。殺人は、数が少なく、平成六年から一人か二人が続いているのであるが、平成一三（二〇〇一）年が一〇人、平成一四（二〇〇二）年が三人、平成一五年が三人、と一定の上がり方ではなく、やや横ばい状態である（**表2**）。強盗、強姦も、放火は、やや横ばい状態であるといえる。そのほか、粗暴犯、窃盗犯は、平成六年からはずっと横ばいだということができる。路上強盗とひったくりは（**表3**）、平成六年から急激に増加しており、路上強盗においても、またひったくりにおいても、顕著に増加している。

校内暴力は、だいたい平成六年から平成一五年まで横ばい状態であり（件数は増加）、

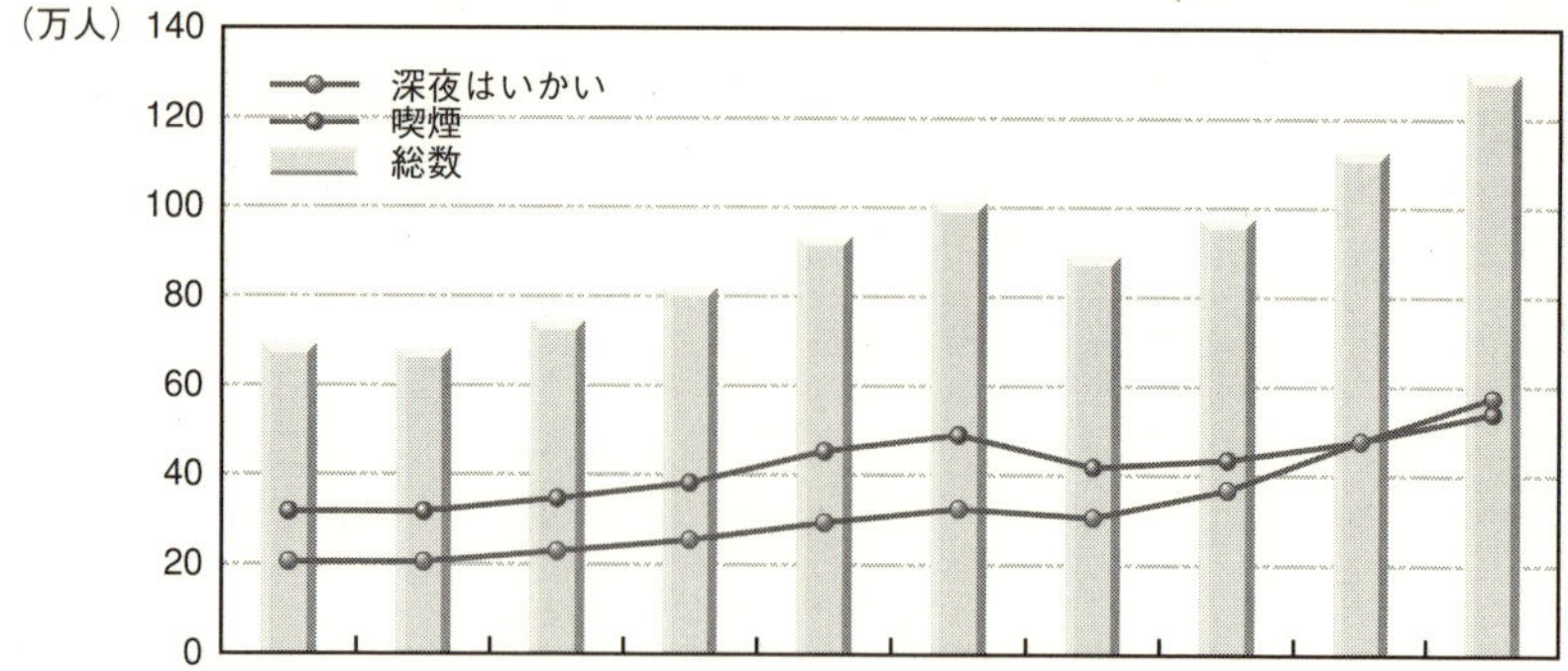

区分＼年次	6	7	8	9	10	11	12	13	14	15
総　数（人）	683,175	673,345	741,759	814,202	928,947	1,008,362	885,775	971,881	1,122,233	1,298,568
深夜はいかい	206,967	204,722	230,992	257,443	297,175	328,248	307,112	370,523	475,594	577,082
喫煙	320,501	318,637	346,895	384,508	453,853	492,372	417,053	437,988	480,598	542,214

図３　不良行為による少年の補導人員の推移（平成６～15年）

表１　凶悪犯少年、粗暴犯少年の検挙人員の推移（平成６～15年）

区分＼年次	6	7	8	9	10	11	12	13	14	15
凶悪犯（人）	1,382	1,291	1,496	2,263	2,197	2,237	2,120	2,127	1,986	2,212
強盗	911	856	1,068	1,675	1,538	1,611	1,638	1,670	1,586	1,771
粗暴犯	14,655	15,449	15,568	17,981	17,321	15,930	19,691	18,416	15,954	14,356

表２　触法少年（刑法）の補導人員の推移（平成６～15年）

区分＼年次	6	7	8	9	10	11	12	13	14	15
刑法犯総数（人）	23,811	22,888	23,242	26,125	26,905	22,503	20,477	20,067	20,477	21,539
凶悪犯	185	188	172	167	182	173	174	165	144	212
殺人	2	2	1	1	2	1	0	10	3	3
強盗	22	17	14	226	28	33	30	25	25	29
強姦	19	4	6	8	5	12	15	5	14	14
放火	142	165	151	132	147	127	129	125	102	166
粗暴犯	1,520	1,374	1,275	1,525	1,455	1,507	1,869	1,696	1,613	1,467
窃盗犯	18,715	18,016	18,189	20,745	21,493	16,968	14,840	14,128	14,257	14,448
その他	3,391	3,310	3,606	3,688	3,775	3,855	3,594	4,078	4,463	5,412
占有離脱物横領	2,262	2,228	2,442	2,509	2,628	2,773	2,287	2,582	2,825	3,592

表3　路上ひったくりの少年の検挙人員の推移（平成6～15年）

区分＼年次	6	7	8	9	10	11	12	13	14	15
路上強盗（人）	612	615	791	1,178	1,098	1,111	1,122	1,103	1,027	1,227
ひったくり	835	973	1,331	1,568	1,871	2,420	2,179	2,190	2,166	1,957

表4　校内暴力事件で検挙・補導した少年の推移（平成6～15年）

区分＼年次	6	7	8	9	10	11	12	13	14	15
件数（件）	494	464	448	571	661	707	994	848	675	716
人員（人）	1,166	1,005	897	1,246	1,208	1,220	1,589	1,314	1,002	1,019

表5　覚醒剤事犯による少年尾検挙人員の推移（平成6～15年）

区分＼年次	6	7	8	9	10	11	12	13	14	15
総数（人）	827	1,079	1,436	1,596	1,070	996	1,137	946	745	524
中学生	13	19	21	43	39	24	54	45	44	16
高校生	41	92	214	219	98	81	102	83	65	36
中高生の割合（%）	6.5	10.3	16.4	16.4	12.8	10.5	13.7	13.5	14.6	9.9

表6　シンナー等乱用による少年の検挙人員の推移（平成6～15年）

区分＼年次	6	7	8	9	10	11	12	13	14	15
総数（人）	7,344	5,456	4,489	4,157	4,496	4,184	3,417	3,071	2,751	2,835
中学生	812	568	521	464	609	570	462	407	351	291
高校生	997	799	699	618	759	759	624	535	458	463
中高生の割合（%）	24.6	25.1	27.2	26.0	30.4	31.8	31.8	30.7	29.4	26.6

表7　性の逸脱行為・被害による少年の補導・保護人員の推移（平成6～15年）

区分＼年次	6	7	8	9	10	11	12	13	14	15
総数（人）	4,715	5,481	5,378	4,912	4,510	4,475	4,130	4,354	4,615	4,412
遊ぶ金欲しさ	1,500	2,145	2,517	2,309	1,928	1,810	1,502	1,617	1,903	1,607

いじめに起因する検挙、補導した少年の推移も、大体横ばい状態と言ってよいものである（**表4**）。また覚醒剤事犯の少年の検挙の推移は、平成六年から平成一五年まではやや低下傾向にある（**表5**）。シンナー乱用での検挙人員の数は、平成六年からかなり低下傾向にある（**表6**）。不良行為の中の深夜徘徊は、平成六年から平成一五年を見ると顕著に増加している（**図3**）。また喫煙は、平成六年から平成一五年まで明らかに増加している。つまり凶悪犯罪や覚醒剤は、かなり抑えられてはいるものの、深夜徘徊やタバコといったものは、依然として高い件数を示していると言える（**図3**）。また、性の逸脱行為も（**表7**）、平成六年から平成一五年を見ると、ほぼ横ばい、ないしやや減っている状態にある。犯罪として顕著に取り上げられる凶悪犯、粗暴犯、覚醒剤、性の逸脱行為は大体横ばい状態であり、警察の取り締まりによってこのような状態が維持されているものと思われる。それに反して、深夜徘徊、喫煙といった軽い少年非行は、顕著に増加しており、これらは取り締まりの困難さがこのような増加を生んでいると思われる。

3　いじめ

いじめは、すでに述べたように、中学生を中心にその数がどんどん伸びている。昔から日本は「村八分」があって、その仲間に入らないといじめられるという一般的な現象であった。この現象は大人にも子どもにも見られる。特に小学校高学年、中学校は、みんながたむろしやすい年齢で、その仲間に入れるかどうかは、学校に適応できるかどうかという重要な問題である。なるべく早く、そのクラスの強い人の周りにたむろしようとする。その人に嫌われたり、その周辺の人に嫌われたりすると、はじかれてしまうからである。「何となく気に入らないから」「生意気だから」「不細工だから」「頭が悪いから」というような理由で、そのグループからシカト（無視）されてしまうことがある。これは女性に特に多い。男性の場合には、もっと複雑な理由があるが、その状態が延々と続くようなことはない。女性の場合には、一年、二年、三年と続いてしまうことが多いようである。サルも同じように、ボスザルの集団の中に入らずにいると無視されるようになる。サルの場合は、一人になってしまうと、やがて死亡してしまう確率がきわめて高い。

ある中学二年生の女の子が、いじめを受けているということで私の外来にやって来た。しゃべるときもわんわん泣いて、まったく何を言っているのか分からなかった。しかし一時間ほどして、ようやく落ち着いて話すことができるようになった。「お前はクラスで一番嫌われている」「学校にはいらない人間」というようなことが書かれたメールや無言電話が連続してくるので、彼女は怯えていた。誰がやっているのかはわからないようにしているので、はっきり特定できないようだが、だいたいどのような人がやっているかはわかっているようであった。

学校の先生に言っても、「誰だかわからないとなぁ。みんなの前でやめるように言っても、効果がなかったしなぁ」と情けない返事である。かくて彼女は、「死にたい」と言ってリストカットをして、そのまま私の病院に来たのである。病院でしばらく過ごしているうちに、かなり落ちつき、「先生、今日ちょっと大事なことを話したいんだけど」と言ってきた。「どうしたの?」と聞くと、

「本当は、私の方が最初いじめてたんです。同じようにメールで罵倒したり、体をつついたり、頭をつついたり。何かする時は、『あの子をいれちゃだめだよ』といってシカトするようにして。同じことをやっていたんです。そのうちにある子が自殺未遂をした時に問題となって、彼女たちは私から去っていったんです。私があまりにも残酷だったからです。私は今、それを本当に反省しています。彼女たちの前で『ごめんなさい』と土下座をしたいくらいです。でも彼女たちは許してはくれないと思います。今こうして私をいじめているのですから。私が去ればよいと思っているに違いありません。確かに私はこの学校ではもう適応できないと思います。勉強どころではないです。だから私はもうここを辞めます。そして別の音楽の付属の高校に行こうと思っています。元々ピアノが好きだし、母親も賛成してくれました」

と述べていた。実に明るい顔で、まだ尚、学校に戻ればいじめがあるにもかかわらず、何かふっ切れた表情をしていた。やがて彼女は、半年間一生懸命勉強して、その音楽学校に転校することに成功した。

いじめられている女の子は、実はいじめていた子であった。これもよくあることである。私は当時、週に一回保健所で精神科医として働いていたのであるが、偶然彼女の家はその保健所の数メートル先にあった。したがって彼女と偶然会った時、お互いにびっくりしたが、それから私が保健所に行くと、いつもピアノが聞こえていた。そして会うと、笑いながら手を振っていた。かくて、このいじめは、彼女自身の決断で解決することができたのである。

ある高校一年生の男性は、斜視をメガネで矯正していた。ある時、インターネット上に彼の顔の画像がでた。それは、ボタンを押すとメガネをかけ、ボタンを押すとメガネがとれるというもので、つまりは、彼が斜視であることを証明する画像なのである。これはインターネット上の犯罪であり、いじめ以上のものである。そのため彼はショックを受け、不登校になってしまった。元々無口でひきこもりがちな男の子であったが、一層ひきこもって学校に行くのをやめてしまったのである。父親と母親は心配して、私のところに相談に来た。彼も一度、私のところに来たのであるが、まったくしゃべらなかった。そんな時、彼は自分の家の台所で灯油を頭からかぶり火をつけた。母親は、それを素早く見つけ、火を消したのであったが、彼は顔に大きなやけどを負い、手足もやけどを負ってしまった。すぐに救急車で病院へ行き、入院することになった。

このような犯罪的なインターネットの使い方には、警察が介入してもおかしくないのであるが、学校ではそのいじめを隠していた。だいたいどの学校でも、いじめを隠すことが一般的である。そういえば、バスジャックの少年もいじめられていたが、そのことを母親が訴えても、校長先生も、教育委員会も「いじめはない」としていた。「三階の踊り場から降りて来れば、ふで箱を返してあげる」と言われ、彼はまるで怒ったかのように飛び降り、腰椎の圧迫骨折をして、受験ができなくなり、病院で受験した。そこがある意味で、バスジャックの始まりだったかもしれないのである。このように男の子のいじめは言葉の過激さよりも行動の過激さが目立つものである。

ある中学二年生の男性が、東京の外れにある中学校に転校してきた。そこで彼は、徹底的にいじめられてしまったのである。しかし彼は強いので、それをあまり気にしないで淡々と生活していた。この淡々と生活するというのは、いじめる側にとっては一層腹の立つもので、「もっといじめてやれ」ということとなる。いじめの理由は、「転校生のくせに、そのクラスの一番力のある人にあいさつをしなかった」ということである。その強い男性の周りには、たくさんの男女のグループができていた。そのグループからいじめを受けていたのである。

彼はいつもにこにこしていた。教科書が窓から投げられたり、鞄が窓から放り投げられたとしても、彼は一人でこつこつと取りにいって、平気な顔をしていた。廊下を歩くと、男であれ、女であれ、彼がひっかかるように足をだすことはしょっちゅうであった。またある時、みんなが、「おい、おしくらまんじゅうしてるから、入れよ」と異様なほどの優しさで言ってきたので彼が入ると、みんなから押され、胸が苦しく、息ができなくなってしまったこともあった。それでも彼は苦しそうに静かに立ち上がって、自分の机の方へ行った。このようなことが三ヶ月も続いたある日、彼が朝学校に行ってみると、机の上にすべてのページにマーガリンがぬってある自分の教科書が置いてあった。さすがに彼はあ然とした。そしてそのまま座ると、その椅子の上にも画びょうが置いてあり、「痛い」と言って立ち上がった。さすがにここまでくると、彼の気持ちはがっくり沈んで、ショックを隠せないようであった。その日の図工の時間は授業が終わったのに立ち上がれず、やや彼に親しい生徒がいたのであるが、その彼に、「ああ、もうだめだ」とつぶやいた。そしてそのまま自分の家に帰り、木に綱を下ろして首吊り自殺をして死んでしまった。遺書はなかった。

このように気の強い子は、自殺するにも遺書を書かない。なまじ気が強いために、彼へのいじめは大きな問題に敢えてしなかった。しかし彼の苦痛は大変なものであり、普通の人には耐えられるものではなかったはずである。しかも、男性も女性も彼をいじめたというところに、かつてのいじめ方といささか違う傾向があった。女性が、このように男性と一緒になっていじめるというのは、これまであまりなかったはずである。かくて自殺が起こった。

父親は、そのいじめをまったく知らなかった。なぜならば、彼はそのいじめについて一言も父親や母親に言っていなかったからである。彼の自殺後、父親がいじめをすぐに見抜き、学校に事情を聞きに行った。しかし学校の担任や校長は、「いじめはなかった」と言うのであった。教育委員会にも問い合わせたが、「いじめはなかった」と言われた。そこで親は裁判を申し立てた。一審は「いじめはなかった」として、彼らは敗訴した。しかし、二審の時に、私はその裁判に入った。そしていかにいじめられてうつ病状態になって自殺に向かった、ということを私は意見書として出した。そして、勝訴した。いじめがあったにもかかわらず「いじめはない」とした教育委員会には数千万円、校長にも数千万円、担任にも同じ程度の損害賠償、そしていじめた生徒たちには数百万円の損害賠償の支払いが命じられた。

学校がいじめを隠すことは、もはや当然のことのように言われている。何も警察だけが問題を隠すのではなく、学校がもっとも隠すとのことだ。学校では中で起こる問題を外に知らせないことが暗黙の了解で、いじめなどは当然隠すはずである。いわんや例えば学校に放火をした事件も、新聞に出る前に隠してしまうのである。このような教育の現場には、正義というものがないと言ってよいだろう。正義なき教育とは、一体何の教育をしているのであろうか。私は今の学校にはいささか問題を感じざるをえない。最近の先生の女生徒に対する性的いたずらは、あまりにもひどい。もちろんこれは文科省も指摘しているが、学校の教師が自分の生徒に性的ないたずらをする、レイプする、などということは許されることではない。だがどうやら学校ではお互い隠しあって、公にならないままに消えていってしまうことがあるのである。今の学校は信じられない、正義がない、と私が批判をしても、学校の教師をしている友達は、「そんなことは当たり前ですよ」「そんなもんですよ」と答えていた。「隠さないような学校はありません」と断言する校長すらいたのである。

4　ひきこもりの現状

厚生労働省などによると、ひきこもりとは一応「六ヶ月以上家にひきこもっていて、学校、職場などに行かない状態」ということになっている。しかし六ヶ月程度で精神科外来にひきこもりとして来る青少年は少ない。だいたいが一年、二年、三年、…一〇年、…二〇年、といったレベルのひきこもりが主である。ひきこもって一年以内ならば、何らかの形で学校に戻っていくことはあるが、一年以上続いていると、ほとんどの青少年は学校に戻らないことが多い。そのためにフリースクールや通信教育がその代わりをなすが、それすらやる気を起こさない人が、ひきこもりの中には多い。ひきこもりの人は、だいたいうつっぽく、虚無的であり、うっ積した怒りを心の中に持っており、そしてきわめて頑固であり、唯我独尊で、親の意見も聞かず、家にひきこもっていることが多い。他方、就職もせず、のんびり暮らしているひきこもりもいる。概して日本では、いかにひきこもっていても、子どもの方が親を支配していることが多く、親も子どもの暴力を恐れてひきこもっている青少年をそのままにしていることが多い。

幼稚園の頃からひきこもり、二三歳になってから私の外来に来た女性は、ひきこもることに対してあまり罪悪感を持っておらず、母親もにこにこしていて、深刻味はまったくなかった。幼稚園からひきこもるというのはいささかびっくりするものであるが、「幼稚園でみんなの中に入ること」が恐かったのだという。家ではごろごろしていることが多く、たまに家事を手伝うこともあるが、ほとんど自分中心の生活であったという。特に趣味があるわけではなく、コミックスを時々読んでいた程度であった。文字や算数はお兄さんが教えてくれ、どうやら社会で困らないレベルの算数は身についたという。国語も、そんな感じで新聞がどうやら読めるくらいであった。

このようなまったくおおらかなひきこもりは、私は初めてであり、ある種の感動すら覚えた。彼女は、「先生、こんな人間は珍しいですか?」と言うので、「そりゃあ、珍しいよ。みんな、『学校、学校』って言っている社会で、学校に行かないっていうのはすごいよなぁ」と言うと、「そうかな?」という感じであった。「これから君、どうやって生活していくの?」「うーん、それは考えていないけど、どうしようかな……アルバイトした方がおもしろいかな」「それでできるのかい?」「何とかなるんじゃない?」とのん気であった。やがて近くのコンビニに勤め、ちゃんと働く女性に変身したのである。かくて彼女のひきこもりは終わった。学校教育を飛び越して、いきなり彼女は社会で生活し、一人前の女性となったのである。

ある男性は、中学生からひきこもっていたのであるが、父親も母親もひきこもっている
この男性に大弱りであった。家でパソコンのチャットにのめりこむだけで、父親や母親と
もあまり話をしないという。どうにか私の外来に来たので、「どうして家にいるのかな？
おもしろい？」と聞くと、「おもしろくはないけど、学校で人の中に入るのはもう嫌だ
から。みんな変な目で自分を見ているし」と対人過敏をうかがわせることを言っている。
ほとんどチャットで時間を費やすのであるが、相手を攻撃したり、自分が攻撃されたりと、
その度に喜んだり、悲しんだりの生活をしているだけであった。父親と母親は本当に困っ
た様子で、「何とかしてください」と私に訴えるのであるが、彼はまったく今の生活を変
える気はない。かくて二三歳になっているが、家にひきこもったままなのである。

このように人が恐い、学校が恐い、という人たちをわれわれは回避性人格障害と呼ぶこ
とが多い。回避性人格障害とは、傷付きやすい、自尊心が低い、といったような人たちで、
不安が強く、家にひきこもってしまうことが多いのである。しかしこの彼の場合にはそれ
だけでなく、「俺は誰よりも頭がいいんだ」というような不遜で過大な自尊心を持ってい
るところもあり、完全に回避性人格障害とは言いがたいものであった。つまり彼の場合に
は、自己愛性人格障害*も含まれていたと考えられる。「俺は偉いので俺を批判できるのは、
俺並みの力を持った奴なんだ」ということなのであるが、実際人に批判されることがつら
いので家にこもっているのが実際であった。このように回避性人格障害と自己愛性人格障
害が混入した形でのひきこもりもけっこう多く、ひきこもっているから弱々しいのである

自己愛性人格障害
↓39・160ページ。

か、と思うと、このように奥の方には不遜な自尊心を持っていることがよく見られるのである。

そうかと思うと、まったく人としゃべれず、ひきこもっている人もいる。このような人は対人関係のコミュニケーションがきわめて下手であり、話をしようともせず、言葉数も少ない。これは、分裂病質人格障害*の重症型と思われるが、何を聞いても、「はい」「いいえ」くらいであり、「なぜひきこもったかな?」と聞いても、本人はちゃんとした答えを示してくれない。本人もなぜひきこもることになったのか、わかっていないことも多いのである。このような人格障害が、ひきこもりの人を中心によく見られるのであるが、次いで強迫性障害*の人もかなり多く見られる。強迫性障害には、ものに触れるのが恐い、ものが汚い、バイ菌が汚い、確認しないと外に出られない、儀式的行動をとる、などの症状が見られる。このような人たちは本来強迫性障害によって外に出られないのであって、単なるひきこもりというのは妥当かどうか問題である。精神分裂病(統合失調症)が、ひきこもりであると言えないのと同じように、強迫性障害も単なるひきこもりとするのは難しいだろう。

日本でいうひきこもりは、英語圏で翻訳することはできず、ひきこもりを英語で表すには、「hikikomori」と書き、それがアメリカでは辞書に載っているようである。ひきこもりは日本独特の現象であることがわかる。したがって日本の経済の発展とゆとりを背景にして、それと同時に日本人独特の「恥」の文化、対人過敏の文化と結びついている。また日

分裂病質人格障害
　他人と親密な関係を持つ能力の減少、および認知的または知覚的歪曲と行動の奇妙さが認められる人格障害。具体的には、関係念慮、奇異な考え方と話し方、疑いぶかさ、親しい友人がいない、などの特徴が指摘されている。

強迫性障害
→93ページ。

本の厳しい学歴社会も当然考えなければならないだろう。また、青年期までの日本の母親からの過保護文化は、子どもの自立を遅らせ、「社会に入るのが恐い」「学校に行くのが恐い」、という状態にしてしまう。自分中心の行動ができないことが恐怖になってしまうのである。これも別の観点から見れば、過保護によって傷付きやすくなっているのであり、ひきこもるという意味では回避性人格障害と言ってもよいのである。

　学校では、前述したがいじめが多いのが日本の特徴である。「いじめ大国・日本」とも言える。このいじめがきっかけで不登校となり、やがて家でひきこもりが始まる。そして時には家庭内暴力につながるのである。日本ではつらいことがあるとひきこもる。それをあえて親が出そうとすると、結局家庭内暴力が発生して、ひきこもりを認めざるをえない状態になる。しかしアメリカでは、ひきこもっていると、父親を中心とする家庭の強い力で「外に出て自分で働きなさい」と言われ、家を追い出されることが多いのである。そして彼らは一人旅に出て、やがて色々なアルバイトをすることになり、どうやら一人前になって生活して行くようになることが多い。

　昨今はひきこもっても恐くはない時代に向かっている。学校があまり厳しくなくなり、ひきこもりにきわめて理解があるので、誰もひきこもりを強く批判しないのである。したがって、のんびり不登校し、家で生活し、そのうち同じようなひきこもりの子と付き合って、同棲したりするなど、実に優雅なひきこもりのパターンも見られる。私は、そのように同棲をしているうちに妊娠し、妊娠中絶をした女の子の世話をしたことがあるが、あまりにも社会的な礼儀を知らない女の子であった。産婦人科を紹介して付き添って行ったにもかかわらず、「ありがとう」と言って感謝する様子は一切見られないのである。非行少女に近いとも言えるが、いわゆる悪さをするわけではなく、のん気なひきこもりの女の子であった。男性の方もひきこもっていたといっても、家の仕事を少し手伝っており、純粋なひきこもりとは違っていた。

5　ひきこもりの実態

全国ひきこもりＫＨＪ親の会東海の調査では、ひきこもりの中で一番多いのは長男でおよそ60％に上るという。次いで次男、長女と続いている。ひきこもりの発生年代が、成人が40％、高校生が21％、中学生は20％、高卒から成人までが13％、小学生が6％と報告している。現在では、ひきこもりは成人が圧倒的に多く、次いで高校生となっている。年齢のピークは三一歳前後で、次いで二九歳、二六歳、二三歳、一七歳である。ひきこもっている年数で一番多いのは、三年、四年、五年、七年、となっている。原因として一番多いのは「人間関係」で42％、次いで「いじめ」が17％、「裏切られた」が5％、である。これらは皆対人関係のトラブルと考えられるもので、総計すると64％となる。「受験の失敗」が5％、「ケガ・病気」が5％、「身内の死亡」4％、「不明」が14％と続く。家庭内暴力の状況については、「暴力なし」が47％と半分近く見られる。次いで「今は比較的おとなしい」、つまり過去に家庭内暴力はあったが、今はおとなしくなっているというのが36％、「今も尚暴力を続ける」が10％、「暴力は数回あった」が3％、となっている。つまりひきこもりの約半数は何らかの家庭内暴力を起こしているのが実態である。現在のひきこもりの状況については、「外出できる」が60％、「夜間・昼少し出られる」が25％、「家から出られない」が15％、である。私は自分の部屋から出ないで家族とも会話しないのを「とじこもり」と呼んでいる。このとじこもりも15％も見られるのである。ひきこもりは80％は男性と報告されている。確かに私が診たケースでも、四：一の割合で男性の方が多かった。そしてやはり問題が深刻なのは、男性のひきこもりであった。女性は「家事手伝い」と言い逃れることができるし、日本の社会では家にいても不思議ではないのである。男性にとっては、成人であるのに家にいることは厳しいプレッシャーとなるのである。

彼らが相談に向かう場所であるが、なでしこ会の調査では、一番利用するのは、病院、クリニックであり、次いで家族が中心になって組織する会が多い。役に立った機関となると、家族が中心に組織する会が多く、次いで病院、クリニックとなる。別の調査では、一番利用するのは病院、クリニックというようになっており、どちらにしろ病院、クリニックは利用率が高いものと考えられる。

ひきこもっている青少年たちは、対人関係がきわめて苦手であることは再三述べたが、それでも一生懸命努力して外に出ようとする人もいる。三四歳の男性Kさんは、医学部を辞めて私のところに相談に来た。彼はそれまで何度も医学部に入りながら、結局辞めてしまっていた。辞めて一年か二年ほどぶらぶらした後、また医学部を受け合格はするのだが、やはり大学に通うことはできずに辞めてしまう、この繰り返しなのである。彼は長男であり、もの静かな物腰で小声で話すが、表情は乏しく、ぼんやりと下を向いていることが多い。「あなたはなぜ医学部を目指し、せっかく合格しても辞めてしまうのですか?」と聞くと、「医者になることは会社に勤めるよりも楽に思えるのです。私は一人でできる仕事の方がいいと思うのです。でも医学部に入っても学生がたくさんいるので、その中に入ることができないのです。そのために辞めてしまうのです。そしてフリーターでもして暮らそうと思い家に戻るのですが、そのフリーターすらできずにひきこもってしまいます。そうなるとまた医学部に行こうという気になり、医学部を受験して合格することはできるのです。しかしやはり同じパターンとなって、入って、辞めて、を三回も繰り返していました。私はこれからどうして生きていけばいいのかわからないのです。人間嫌い、人間との付き合いができないというのは、医者になるには致命的な欠点だと思うのです」と実にすらすらと論理的に説明するのであった。しかし対人過敏をどう治そうか、ということになると、本人だけの力ではいささか無理なことが多い。やはりわれわれのような治療者やカウンセラーの力を利用しなければならない。対人関係の向上には、ロールプレイや集団療法といった実践的な治療方法が必要であり、時に投薬も有効である。

また似たようなケースで、毎年東大に入って辞める、奇妙な青年がいた。東大の文Ⅰに入って大学に行くと、そこには学生がたくさんいるので、「学生の大群が恐い」と不登校となり、結局辞めてしまうのである。そして家でぶらぶらするが、今度は東大の理Ⅰに入り、また同じように辞めてしまう。「これでは駄目だ。医学部ならいいかもしれない」と言って、別の国立の大学の医学部を受けてそこも入るのであるが、やはり二ヶ月ほどで辞めてしまうのである。こうなると、やはり先ほどの例と同じように、対人関係の力をつけることがまず重要なことであるが、受験することで時を過ごすのはいかにも無駄なことと思われるのである。

昨今は身体醜形障害*といって、自分の顔や体が醜いとして外に出られずひきこもってしまう人もいる。これも当然精神障害なのであるが、ひきこもりとされている青少年たちと会ってみると、けっこうこのような身体醜形障害の人が多いことにびっくりさせられる。このような人たちを無理やり学校につれていこうとしても無理な話である。強迫障害に近い人ほど、厳しい精神障害なのである。

二〇代前半の男性Mさんは、「人は私の顔を見ただけで不快な顔をします」と言って、四年間もひきこもっている。彼は高校を卒業してから家にひきこもり、ゲームで遊ぶか、テレビを見るか、という生活である。「息子がこのまま一生ひきこもったままになってしまうのでないか」と両親は心配し、最初は両親だけで外来にやって来た。本人は薬を飲み

身体醜形傷害
→84ページ。

始めて一ヶ月くらい経って来院した。彼は黒いサングラスをかけ、私の顔を見ようとはしない。「どうして私の方を見ないの？」「先生が僕の顔を見れば嫌な顔をすると思うので、先生の方を見たくないのです」「君は、自分の顔が本当に醜いと思っているの？」「はい、そうです。だって電車に乗って来るときも、乗っている人たちの視線を見ればすぐにわかります」ということであった。ほとんど妄想がかった恐怖を示すのである。

ある二二歳の女性は、高校を途中で辞めてひきこもっている。自分の髪の毛がちぢれ毛で、みんなにからかわれる、あるいは笑われる、ということでひきもこっているのである。私は髪の毛のちぢれ毛を初めて知ったが、「先生もちぢれ毛ですよ」と言うので、どうやら私もそうらしい。しかし彼女の場合はそのためにひきこもって外に行かれなくなってしまっているのであるが、私はそういうことはまったく意識しないで働いているのである。「先生は変わっている」と彼女は言うが、ちぢれ毛でいながら堂々と外に行くのは変わり者なのである。見方によっては私の方が変人、あるいは精神障害となってしまうのであった。

ひきこもりは今やニート*と呼ばれている場合がある。この人たちは、ニートという綺麗な言葉で命名されているが、ひきこもりとまったく同じものと考えられている。このようなニートもすでに述べたように過保護から起こっていることが多く、父親の力が弱い、社会に入っていく好奇心がない、強さがない、というのが大部分である。やはり自立できることが最低限の人間の条件であり、病気ではない限り、その自立心をつけてあげなければ、日本のひきこもりやニートはどんどん増えていってしまうのである。就業意識の高いニー

ニート（NEET）
一五歳から三四歳の未婚者で、雇用にも学業にも従事しないが、職業訓練も受けない若者をいう。日本では一五歳から三四歳の非労働人口のうち、家事も通学もしていない若者を若年無業者と呼び、彼らをニートと呼んでいる。Not in Employment, Education or Training　の略。

トであれば、仕事さえ見つかれば外に出て働くことができるようになるかもしれない。だが、ひきこもりの場合には、対人関係ができていないので、もし機会があったとしても難しいだろうと思われる。

ひきこもりの人たちの多くは、「会社が恐い」と言う。なぜかというと、「会社で責任を持たされるのが嫌だ」「叱られるのが嫌だ」ということであり、まったく子どものようなことを訴えることが多い。それほどまでに現代の青少年は子どもなのである。私は、日本の会社は唯一日本の子どもを大人にする場所と考えている。親が子どもを大人にする、あるいは自立させる努力が乏しく、過保護の方にまわってしまうので、子どもは社会に出るのが恐いのである。しかし会社に入るとさすがに会社の存亡をかけた働きをしてもらわないと困るので、彼らはあいさつの仕方や技術的な指導を受けたり、よその会社に行ってさまざまな付き合いを勉強することで、自然に大人として自立していくことが多い。大人になる成人儀礼は会社に入ることで行われると言ってもよいのである。しかし会社に入ることに脅えて、入社しても一年目で30％前後の人たちが会社を辞めるのが現実である。それもほとんどが男性である。このように日本の男性は会社に入って初めて大人になるのであり、二〇歳になって大人になるというのは形式的な問題で、三〇歳で大人になるのが実質的な成人の時期なのである。

ひきこもって三年くらいで相談に来るのはまだ良い方である。問題なのは、ひきこもって一〇年近くも経過している場合である。例えば三〇歳くらいになってひきこもりを治すのはきわめて厳しいことであるし、別な考えも取り入れなければならないと思う。私は二五歳くらいに大きな線を引いている。ひきこもりの場合、人の性格に片寄りや問題がある人格障害と見られるケースが多い。人格障害は一応精神障害の中に分類されているが、年齢と共に社会に適応する柔らかさという点では他の精神障害、例えば精神分裂病（統合失調症）よりもはるかに適応の可能性はある。したがって二〇歳の半ばでひとつのラインを引いているのは、二〇歳代の前半であれば、多少なりとも人格を変えることが可能と考えるからである。ところが二〇歳代の後半になるとなかなか人格を変えることは難しくなってくる。したがって二〇歳代後半の場合には、その人の性格なりに生きられる場所を見つけてあげることがきわめて重要なこととなる。それ以降はその性格をあえて治すことでなく、その性格で生きられる場所、喜びを見つけられる場所、対人関係が楽しめる場所を見つけてあげること、そしてそのように生活できるようになるとゆとりが生じ、かえって対人関係が自然に成長するのである。

ひきこもりの自立支援組織には、初めはなかなか本人が行かず親だけが行くのであるが、そのうちに本人がぽっと行くようになると、同じように対人関係の苦手なひきこもりの人たちがいるので、そこにいても劣等感を感じない。そこで人との会話が少しでもできるようになれば、その同じ仲間とパチンコに行ったり、映画を見に行ったりして、そのひきこもりの人たちも人生を楽しむようになる。そのことはとても大きな意味を持っていると思われる。われわれ臨床家は患者をいつも治そうと思っているが、治そうと思うだけではなくて、治らない場合にはそのままでもそれなりに人生を楽しめるようにもっていくことが重要であり、大きな意味を持っていると思われる。

それにしてもひきこもりの背景には、父親の不在、父親の力の低下、父親の指導力の低下、父親のしつけの低下、が大きくある。この父親の力の低下と共に、母親の力が全面に出てきて、それが子どもの力を奪い、ひ弱なものにし、対人恐怖にし、回避性人格障害を作り、そしてひきこもりに向かわせているように思える。やはり母親の過保護を是正すること、父親のしつけへの参加、社会というものを教えていく父親の力が前面にでてくることがひきこもりを減少させるのに重要なものと思われる。ひきこもりは母子密着から離れられない日本の現状を示している。母と子の厳しい対立は必要ではないのだろうか。こうした厳しさこそ本当の愛情であり、それが親の冷たさではないことを子どもはやがてわかるようになるはずである。過保護はペット化という虐待であることを知るべきである。

アメリカなど欧米では、ひきこもっている青年は家を追い出される。彼らはしかたなく旅に出るのである。

6　子どもの家庭内暴力

家庭内暴力は、戦後日本の家庭状況を顕著に示す文化状況である。子どもが親に対して暴力をふるうのみならず家屋を破壊するなどということは、およそ戦前には考えられなかったことである。

そのような状況を生み出した要因は、戦後の親と子の関係性、つまり親が子どもを過保護に育て過ぎているという問題がある。特に思春期や青年期といった時期に、何らかの困難にぶつかった時、過保護に育てられたために、子供たちにはその困難を克服するという習慣、我慢をする力が備わっていない。その結果として子どもたちは、母親に対する暴力、家具の破壊といった行動に走ってしまうのである。

日本における家庭内暴力の件数は、一年間で警察が認知しているものでも、一、三〇〇件ほどである。暴力行為の大部分が母親に対するものであり、次いで家財道具、三番目に祖父母や同居の親族、次いで父親、その次に兄弟姉妹となっている。母親が最も多く被害を受けるということは、家庭内で母親が持つ力の増大、それから子どもへの干渉の多さをあらわす一端であり、父親の被害が比較的少ない方に属するということは、戦後の父親の権威の失墜をよくあらわしていると言えるだろう。

家庭内暴力は日本の経済の発展と密接に結びついている。経済的に豊かになれば子どもの世話を見る時間は多くなるが、そこでしつけができるかと言うと、実際は子どもへの愛情のあまり過保護になってしまい、しつけができないことが多い。このような「しつけなき過保護」は家庭内暴力という現象によく現われている。

また、経済的な豊かさは子どもにも強く影響を与えている。物が豊かになることで、子どもの欲望は放縦になり、子どもは幼い時から既に家の中で王様や王女様として君臨しているのである。そして子どもは我慢強さを失い、欲求不満になると瞬く間に暴力的になってしまう。いわば彼らは、権力による暴力を行使しているのである。

家庭内暴力を起こす子どもたちは、自分の母親や父親、そのほかの家庭の者には攻撃心を強くむけるが、家の外の人にはきわめて親切で礼儀正しいことが多い。家庭内暴力で入院してきた彼らは、入院しているがゆえにもはや暴力をふるうことはない。むしろ非常にデリケートで親切である。「なぜこんなひ弱な子どもが、暴力をふるうのだろう」と思うのが大半である。そんな子どもに、「なぜ母親にそんな暴力をふるうんだ？　お母さんはほとんど死にそうなぐらい君に蹴られ、骨折までして入院しているではないか」と聞くと、「だって僕の言うことを聞かないから」とボソッと答えることが多い。

つまり母親が子どもの言うことを聞くことによって、かろうじて家庭の平和は保たれているとも言えるのである。しかしこのようなケースでも、その奥には母親の過剰な学力への期待があることが多い。母親は自分の期待が叶えられないと知った時にがっかりするが、しばらく経つと子どもにあまり期待をしなくなる。そのような時期に家庭内暴力は起こってしまう。つまりそれまでの過剰な期待が喪失したために、その穴を埋めるかのように子どもが暴れてしまうのである。子どもの学力を一途に信じる母親の片寄った自己中心性が、子どもを圧迫していたということが見えてくる。

また不登校になる原因としては、学校でのいじめが一番多いのだが、そのいじめによってひきこもった少年たちは、ある時点で学校に行きたいが行けないという状況に陥り、家にいてもイライラし、家庭内暴力に至ってしまう。このような不登校→ひきこもり→家庭内暴力という流れは、日本ではきわめて一般的な流れである。

まず学力問題から家庭内暴力に至った例を述べてみよう。ある中学生の女の子は、その地方で有名な進学校に入ったが、自宅から通学するには遠いため、下宿をすることになった。しかし後に、一人でいる孤独に耐えられない、ということで結局彼女は自宅に戻った。しかしそうなると学校が遠くなり、今度は通学ができなくなる。

そんなことを繰り返しているうちに、家庭の中で彼女は突然怒りをぶつけ始めたのである。母親に瓶を投げつけたり、家の窓ガラスを割ったり、家具その他ほとんどのものを破壊したのであった。父親が中に入っても、おさまることはなかった。リストカットも頻繁にあり、手首から肩の辺りまで、カッターナイフによる自傷の跡が見られた。かくて彼女は、病院に入院せざるをえなくなったのである。

彼女は医者の娘としてとても過保護に育てられ、両親からは当然有名高校に行って医者になることが期待されていた。しかし彼女はそのプレッシャーの強さと孤独に耐えられず、学校を遠いものと感じるようになり、また特に過保護に育ったために、他の生徒ともうまく付き合うことができなかった。したがって学校での孤立も、家庭内暴力の大きな原因であった。このようにして彼女は入院したのだが、入院しても男女問題を起こしたり、その男女問題の中で生じた怒りから、化粧品の入った瓶を投げて割ったり、病院から飛び出したり、さまざまな行動が見られたものであった。かくてその少女は、私が勤務していた病院から、閉鎖病棟のある病院に移らざるをえなかった。

またある高校一年生の男の子が家庭内暴力をふるうということで、両親が私のところに相談に来たことがあった。そのきっかけを聞くと、そこにはやはり、子どもの学力に対する母親の過剰な期待があった。彼はその地方で一番の進学校を受けようと準備していたのだが、結果的には落ちてしまい、第二志望に行かざるをえなかった。その時母親に「落ちちゃったよ」と言うと、「何であんな所を落ちるの」と言われてしまったのである。母親の後押しで一生懸命勉強し、その苦痛に耐えていたにもかかわらず受験に失敗し、母親にも「何であんな所を落ちるの」と言われ、彼は完全に「キレて」しまった。そしてその結果、彼はマンションの部屋を全て壊し、窓ガラスもすべて割る、という破壊行動を起こしたのである。

母親は娘を連れて別のアパートに逃げていたため、残された父親が彼の世話をしようとするのであるが、会社が忙しく働き盛りの年齢であるだけに不十分であり、実際に彼が父親に要求するのは金だけであった。「三〇万円置いていけ」と言われると、父親は文句も言わずに素直に三〇万を出し、彼はそれを受け取ると「さっさとテメエもどっかに行っちまえ」と父親に向かって言い放つのである。

彼にとって一番大きな問題であったのは、母親に傷つけられたということであった。彼の行動は近所からも問題視されており、マンションには警察が時々見回りに来ていた。また、近隣の住民たちも彼の行動に怯えていた。

父親はその責任を取るために、山でペンションを経営し、そこで息子と一緒に生活することを決心した。その相談に来たとき、私は、父親は思いつめて山で息子を殺そうとしているのだな、と直感した。かくて私が「お父さん、ペンションを経営して子どもと住むと言うけれど、本当は山へ行って息子さんを殺して、この荒れた生活の責任を取ろうとしているのでしょう」と言うと、筋肉質でやや肥満型のこの父親は、わなわなと震えながら泣くのであった。「お父さん、そんな殺すというよりも、なんとか助ける道を探しましょうよ。そこで我慢している方が、まだ可能性があるではないですか」と言うと、父親は静かにうなずいた。

最終的にこの少年は、同世代の八百屋の店員と仲良くなり、彼の助言で高校に戻り、そして大学に行く道を進んだ。この子どもを助けたのは親ではなく、また私のような精神科医でもなく、同世代の中学卒の八百屋の店員であったということに、われわれは注目しなければならない。人間の育ち方、そのプロセスがどうであったかが問題であり、学歴がすべてではないのである。そしていろんな苦労を子どもが自分で経験するということ、親が背負うのではなく子どもに預けるということが重要であり、子どもはその責任を背負って自立していくのだということを、私たちは知らなければならないのである。

またある少年は、これも大変有名な進学校に入学するのだが、ついていけず結局その苦しさから家庭内暴力を起こした。その家では父親が国内に単身赴任していたため、母親だけが子どもを見ていたのであるが、息子はその母親に殴る蹴るの暴行を加え、母親をぼろぼろにしていた。彼は自分の部屋の万年床で、ごろごろしながらテレビゲームをするだけの生活を送っていた。

そして彼は私の病院に入院したのであるが、入院する時に彼は私の顔を見下ろして（彼は私よりもはるかに背が高い）、「覚えておけ、後でお前をぶん殴ってこの病院から出るんだから」と言う有様であった。彼の背が高いだけに、私でも少々恐怖を感じたほどであった。彼は病院内で数々の問題を残しながらも、最終的には海外に住み、そこの自立支援組織を経て大学まで進むということに成功した。今ではまったくおとなしい秀才タイプの穏やかな顔になり、大学で数学を勉強している。

昨今多い家庭内暴力の要因としては、親の海外勤務もまた挙げられる。親の転勤にともなって子どもも、アメリカ、イギリス、フランス、ドイツ、南アメリカなどの国々を転々とする。アメリカは比較的日本語学校が充実しているので日本の学校とそう大きな違いはないが、それでも日本の進学校に比べれば学力の面でははるかに劣る。いわんや低開発国に行き、そこの日本語学校に行けたとしても、その学力の差はきわめて大きいものとなる。

そのため日本に帰って来ても、日本の学校で自分の学力に劣等感を持たざるをえなくなる。そしてまた対人関係においても、長く海外にいたために日本人と仲良くなる対人関係のシステムや言葉使い、コミュニケーションなどに問題が残る。そのためいじめを受けたり、自分から仲間に入っていけなくなってしまい、家にひきこもることになるが、そうなれば「こうなったのは親が悪いからだ。親は俺に謝れ、土下座しろ」と家族を責め、その結果、家庭内暴力が勃発するのである。

親に対するこのような言動は、実によく聞かれるものである。実際、両親が土下座している姿を、私は二回ほど見ている。私は「土下座する必要はないでしょう。子どもを育ててきて、最後に土下座しろはないじゃないですか。もうちょっと、子どもと議論しなさい」と言い、親を止める。そして子どもには「あなたね、親が悪いと簡単に言うけれど、ちゃんと説明してごらんなさい。その説明もできないのに土下座しろというのは、どういうことなんだ」と叱って止めさせる。このように、日本の親は比較的簡単に子どもに土下座をする。子どもが天下を取ったかのように、親を土下座させるというのは、世界でも唯一日本だけであろう。アメリカや西欧で、このような姿を見ることはない。「子どもが一番」という考えは、日本だけであると言わざるをえない。

また、ある帰国子女の女性も、英語を喋るということでいかにも優越感を持っているようなのであるが、英語以外の学力はきわめて低いために、見かけの優越感と心の中での劣等感にきわめて大きな断絶が見られた。そのために家で暴れ、そして男の子と不純異性交遊などの世界にのめり込み、母親が注意してもまったく聞かない。父親は依然として海外にいるために、その女の子ひとりのためにこの家は滅茶苦茶になっていくのである。子どもによってその家が破壊されるということ、親の世界が破壊されるということ、子ども自身の人生が破壊されるということがあっていいものなのであろうかと、つくづく私は考えざるをえない。

このような帰国子女の子どもたちが、外国において、すでに家庭内暴力を起こしていたということはない。ということになれば、家庭内暴力の根源の一つは日本という土壌であり、日本の文化と大きく結びついていることは言うまでもない。

既に述べたように、ひきこもりという問題に対して西欧では子どもを外の世界に出してしまうことが多い。ある意味で、強引なほどに無理やり出すのである。そして子どもは自分で旅に出て、仕方なく自立に向かっていく。しかし日本では子どもがひきこもると、そのまま親がひきこもりを守ってあげるのである。ここがまず、大きな違いである。

父親が家庭内暴力と関わってくるのは、教育に熱心で、子どもを医学部に行かせたい、国立に行かせたいと言って、小さい時から子どもを勉強に関してのみ監視し、叱りつけ、時には殴り、というような虐待じみた教育をほどこす父親がいる場合である。

そのような場合、子どもは父親の望みどおりの医学部や国立の大学には行かず、高校を中退してブラブラと家にいてタバコを吸い、そしてまた不良仲間が家を独占する。母親はその不良仲間を追い出す勇気はなく、その家は不良学生によって占拠され、父親は怖くてそこに近寄ってくることすらできない、ということもあるのである。

このように教育熱心すぎる父親の問題も、よく見かける家庭内暴力の要因である。子どもたちは小さいときは恐怖におののいているだけであるが、やがて成長し、中学受験や高校受験での失敗を重ねていくと、その恨みを父親にむけるのである。

子どもの自立にどれだけ大きな力が必要か、ということは、西欧では充分に知られているが、日本ではあえて自立を強調しないようである。このように自立の要請が弱いことも、家庭内暴力を引き起こす一つの原因でもある。彼らは自立したいのである。しかしできなくてあえいでいる、とも言える。

日本の女性の多くは、夫にはきわめて強い態度に出ることができる。また、近所の人々に対しても強く対応できるが、子ども、特に男の子にはまったく弱い。これは異常な現象だと言わざるをえない。ある家では母親が長男を溺愛し、勉強に関しても厳しく圧力をかけ、いつも彼を見張っていた。家庭教師をつけ、塾にも行かせ、子どもにはまったく遊ぶ時間がない。やがて彼は中学受験に失敗し、公立の高校に入るものの、すぐに不登校になり退学になった。そうなってしまえば「自分の将来はない」ということで、家庭内暴力を起こすのは充分予想されることであった。その家庭内暴力の矛先は母親だけに向かったが、母親は我慢強く耐え続けた。その我慢強さを、子どもを自立させる方向に発揮するのならともかく、子どもの暴力を受けるのに発揮したというのはこっけいと言うほかない。

日本では、三、四歳頃での第一次反抗期は充分に見られる。「僕が持つ、僕が拭く、僕が買いに行く」と、充分にできないにもかかわらず、そう主張する。この頃が、第一次反抗期であり、これは可愛い反抗期と言ってよい。

しかし一二、一三歳頃の第二次反抗期を、私たちが目にする機会はあまりない。その年頃の少年たちは、塾や学校での勉強に縛りつけられ、反抗する間もないからである。あるいは母親があまりにも強く、母親に反抗できないこともある。たとえ反抗したとしても、外に逃げる場所はない。昔は、近所には親戚がいた。近所の人も受け入れてくれた。また外には、友達仲間のボスがいた。かつて少年たちはこのような所に逃げ込むことができたのであるが、昨今では少年たちの反抗期を静かに受け入れてくれる場所、あるいは逃げ場所が失われつつある。近所の人たちは鍵をしめて、よその子どもを入れることはない。また親戚も近くにいない。また友達仲間もいないので、当然そこのボスが自分の家来のような幼い子どもたちを指導することはない。そのため、子どもが親に反抗し、「そんなに生意気なことを言うのなら、家を出て行きなさい」と言われ実際に出て行ったとしても、やがては家に戻らざるをえない。かくて日本の子どもには第二次反抗期がなく、母親の下に静かに戻っていくという状況なのである。

反抗期の喪失は、一九七〇年〜一九八〇年頃から既に見られていた。いわゆる学力重視という現象が起こり、また社会的には経済発展が上昇を続け、少子化が始まった頃であった。日本の産業を発展させるためには学力が必要であり、学力を得るには有名進学校に入らなければならない。つまり偏差値が高くなければならない、といった学力重視の考えが顕著に広がって行き、それが不登校、ひきこもり、家庭内暴力につながって行くのである。

かつては家庭内暴力を起こす患者を搬送する会社があり、そこに頼めば暴れる子どもたちを病院に連れて行ってくれたものである。しかしそのような機関は今や、法律上認められていない。このことで嘆くのは、親である。この暴力的な少年たちを、誰が病院に連れて行ってくれるのであろうか。病院に連れて行かなくても、治る方法があるのであろうか。自立支援組織があるではないか、児童相談所があるではないか、と言うが、そこに行くにも、どうやって連れて行ったらよいのであろうか。

政府は、「人権、人権」と叫ぶが、その被害を受ける親の人権をどう見ているのであろうか。暴れる少年はやがて学校に戻るということはなく、いずれひきこもりになっていく。あわよくばフリーターとなったとしても、彼らがきちんと会社に勤めることはないであろう。このようなことを考えれば、家庭内暴力が社会の大きな損失につながっていくことは明らかである。それにもかかわらず家庭内暴力の子どもを病院に連れて行く手段がないことに、我々臨床家はあ然とせざるをえない。

相談に来るのは親だけであるし、我々とて暴れる子どもたちを運ぶ手段はない。親戚の人たちを集めてその子どもを運んできて欲しい、と言っても、この現代社会で、親戚が近所にいることはまれである。いたとしても親戚がそのような行動に参加するであろうか。なまじ参加して自分のところに火の粉が飛んでは困る、と考えるのが一般的である。かくて母親と父親だけが残される。彼らは、子どもをどう病院に運んでいってよいのかわからず、実際には自分たちだけでは難しいということになれば、途方に暮れてしまうのが現状である。

したがって私たちが病院で治療できるのは、何らかの形で連れて来られた子どもたちとなる。家族や親戚、あるいは近所の人を動員して連れて来られた子どもたちは、病院で診断を受け、そこで入院ということになる。例外はあるものの、家庭内暴力を起こす子どもたちが家庭外の人に対しては礼儀正しく親切であるということは、既に述べた。入院をすれば親から離れることになるので、実にひ弱な子どもたちなのである。

彼らは盛んに「先生あの、家の母親に電話してもいいでしょうか」と言うが、私はそれを初期の時点では禁止する。なぜならそこで親とつながってしまえば、その暴力的な雰囲気が病院内にも持ち込まれるからである。私は「まあ、君の態度を見て私は考えるし、まず君は母親に手紙を書きたまえ。それがまず重要なことだよ」と言って、母親との連絡は手紙に限り許可する旨を伝える。すると彼らは、必死になって手紙を書き、「でも先生、どうやって文章を書いたらいいのでしょうか。ハガキの住所は、どこに書いたらいいのでしょうか」などと、私に聞いてくるのである。

彼らは文章の書き方も知らなければ、ハガキの住所をどこに書くのかも知らないために、私が仕方なく教え、中の文章までも私が手助けすることになる。そしてでき上がった文章が母親のもとに届くと、母親は「この子にしては実に見事な文章だ」と感動し、それを私に電話で伝えてくる。しかし私は、それに答えようがない。なぜなら重要な内容を書いたのは、ほとんど私だからである。

このように彼らに対して過保護な措置を取っていいものかどうかとも思うが、入院しなければ彼らの文章表現、感情表現が進歩しないことは言うまでもない。かくて彼らは母親に手紙を出し、母親からも手紙がくる。このように間接的なコミュニケーションではあるが、彼らにとってはむしろその方がじっくり自分の感情を見つめることができる。いわんや手紙の書き方を覚えられるとなれば、学校にいるよりもいいシステムではないのかと思い、苦笑いするものである。

やがて私は、電話での連絡を許可する。しかし電話を壊すなど暴力的な行動を起こすならば、当面また電話を使うのは禁止する、ということを伝える。実際、電話は壊されてしまうことが多い。母親と連絡をとるとすぐに、昔自分が母親に暴力をふるった雰囲気が思い浮かび、病院でありながら電話を壊すという暴力的な行動を起こしてしまうのである。

このようなことは、あらかじめ少年たちに伝えておくことが多い。したがって少年たちは、電話での連絡を望みながら、手紙で連絡をとるよう要求されるのである。しかし彼らが問題なく手紙による間接的なコミュニケーションを続けているようなら、その後、私は電話を使うことを許可する。そこでもしうまく話すことができるならば、次の段階として、閉鎖病棟から開放病棟へ移ることになる。

開放病棟では、一週間に一回親を呼び、家族療法*を行う。家族療法中に暴れた場合、もう当分家族療法はせず、親も呼ばないということになる。そのため子どもたちは必死になって暴力的な感情を抑え、言葉もこっけいなほど馬鹿丁寧になることが多い。そして一生懸命親に謝り、「どうか戻してくれ」と懇願する。すると母親たちは涙を流しながら、「先

家族療法
個人および個人を取り巻く家族員全体を対象として行う治療法。家族とともに問題解決をしたり、家族自身の力で問題解決していくことを援助するための方法。

生、もうこれでいいのではないでしょうか」と言うのである。

一回や二回の家族療法で、数年間――三、四年、時には一〇年――にわたる家庭内暴力は解消されるのであろうか。一回や二回の家族療法で家庭内暴力が消えるとは、とても考えられない。したがって毎週彼らの様子を見ながら、話す様子が自然になり、感情をコントロールでき、両親に対しても思い切って自分の意見を言えるようになるのを待つ。そしてそれまでに、自分の意見が妥当か妥当でないかという善悪の判断をつけさせるのである。

彼らを見ればこのような道徳的な教育が家庭でも学校でも欠けていることが、よくわかる。家庭内暴力は、家庭や学校の教育の問題でもあるのである。

三ヶ月ほど開放病棟で家族療法や話し合いを行った後、外泊を一泊から許可する。一泊の外泊がうまくいけば、今度はそれが二泊になり、やがて一週間の外泊に向かう。このようなプロセスを経て、少年たちは次第に自己統制をとれるようになってくるのである。また父親や母親は、元の自分たちのあり方を回復していく。いや、元のあり方に戻ったのでは同じ問題が再発してしまうので、妥当な意見を堂々と子どもに言う力や倫理観、正義感を持つように両親を指導するのである。もちろんあわせて、少年たちの正義感を指導するのは当然のことである。

少年たちは開放病棟に移って三ヶ月ほどで、大体退院に向かっていく。退院した後、およそ90％以上の少年たちには家庭内暴力の再発が見られないことを考慮すると、以上のようなプロセスを経ないと、社会に充分に順応していく力が備わらないことがわかる。したがって家庭内暴力の問題を解決するためには、彼らを我慢強く指導することが必要であり、また彼らに我慢することを教えてあげるための病院でのプログラムも必要になってくるのである。

家庭内暴力を起こす子どもたちに対してこのようなプログラムを適用せず、外来での処置のみで暴力を止めたとしても、結果的に彼らは高校を中退してしまうことが多い。それにもかかわらず、彼らの多くは「大学に行きたい」などと言う。しかし、なにしろ中学からまともに勉強していないため学力は低く、そのような彼らにとって受験勉強はつらいものである。たとえ仮に大検をパスしたとしても、大学に行くレベルに達するためには、さらに我慢強い勉強が必要である。大検予備校あるいは普通の予備校に行ったとしても、その学力差に驚き、彼らの多くは挫折してしまう。

それでは、とアルバイトをしようとするのであるが、アルバイトをしたとしても、家庭の仕事をしたこともない人間が外で働いても、その力量は知れたものである。アルバイト先の店長や上司から遠慮なく叱られ、罵倒され、一日、一週間でクビになることもざらである。人への挨拶の仕方、人との関係の持ち方、仕事の仕方、臨機応変な行動、知識、などが、彼らが家庭内暴力を起こしている間に失ってしまったものなのである。

つまり彼らは、母親と戦闘する力だけを身につけ、社会で適応する力を失ってしまうのである。かくてフリーターとなったり、あるいは再びひきこもりの状態に戻ってしまう子どもたちもいるのである。

しかし病院でのプログラムを経た子どもにそういう者はおらず、多くが大学まで行っている。高校でやめたとしても、それなりに仕事を身につけて再出発を果たしている。ある女の子は病院を出てから、イギリスの建築関係の専門学校に行き、イギリスで建築士として生きている。そして彼氏を見つけ結婚をし、今やイギリスで家庭を持っている。実に苦労をした女性ではあったが、最終的には彼女の粘り強さが勝ったと思わざるをえない。

家庭内暴力を起こす子どもに、概して医者の子ども、教師の子ども、特に校長の子どもが多いことには驚かされる。高学歴を持つ親の下で育った子どもは、父親や母親のレベルに達するには大変な努力を要することを、一番よく知っている。親のレベルに達するエネルギーがない、根気がない、力がないと感じ、結果として荒れることしかできないのである。

私のように田舎で生まれ、幼稚園から高校まで同じ仲間で通してきた、ほとんど受験経験のない者や、予備校もなければ塾もないという所で育った者、あるいは食べ物もないし着るものもない中で育った者にとって、親にわがままを言うなどということは、ありえることではなかった。ましてや親の一生懸命働く姿を見ていれば、とても親にわがままを言えるものではない。貧乏であった時ほど、日本の子ども、あるいは日本の家庭は穏やかであり統制がとれていたと言わざるをえない。豊かな時代になって本格的に登場してきた「自由な教育」、「人権を守る教育」の結果が、このようなひきこもり、家庭内暴力、不登校、少年犯罪を増していったとするならば、私たちはもう一度ここで、少年たちの人権、自由とは何であろうか、ということを真剣に考えなければならないだろう。

子どもからの家庭内暴力が、親の暴力への反逆であることもある。家庭内暴力という主訴で、父親と母親に対して暴力をふるう中学二年生の男の子がやって来た。家庭内暴力の子どもが外来でやって来るのは、珍しい。それにはおそらく何か理由があるものと思われた。

大の男である父親が中学生の子どもに暴力をふるわれるとは一体どういうことかと思ったが、なるほどその子を見るとうなずけるものがあった。彼の身体はきわめて大きく、まるでレスリングの選手のような体格であった。表情はやや乏しく無口だったが、「何で暴力をふるうの？」と私が聞くと、「退屈だから、単なるレスリングごっこですよ」と答えた。そのふてぶてしさに私もいささかあきれて、彼の持つ自己中心性に何とかメスを入れなければならないものと思ったのだ。しかしある面接の時に、彼はふとこう述べたのだ。

「先生は僕の暴力を非難するけど、父はもっとひどい暴力を僕にふるってたんですよ。父は僕が小学校二年ぐらいから猛勉強させ、塾に行かせ、成績が悪いと棒で殴っていたんです。小学校二年や三年で勉強がどういう意味を持つのか、先生、わかるはずがないでしょう。それをわからせようとしないでただ勉強をさせ、それだけでなく棒で殴るということを、僕は許せないと思っていたんです。そして成績が下がりだすともっと暴力がひどくなり、そのために僕は不登校になってしまったんです。家でゴロゴロしていても完全な不登校ではなかったんですけれど、父は毎日怒っていました。でもそのうち父は僕のことをあきらめてしまったんです。本当は父は、僕に自分以上の大学に行って欲しかったんでしょう。その為に父は、僕にやみくもに勉強することを強要したのです。それが自分の思うようにならないとさっさと子どもを捨てるように、無関心になってしまったんです。だけど母には私たちの関係に入ってくる力は、何もありませんでした。ただ僕は、一人で苦しんでいたんです。ですから僕が中学生になって体が大きくなってから、父をはがい絞めにしたり暴力をふるいだしたのですが、それは小さい時の恨みを晴らしていたと言ってよいでしょう。僕の暴力を批判するなら、まず父の暴力を非難して欲しいのです」

彼と一緒に父親も来ていたので、私が父親に「本当に、そういうことがあったのですか」と聞くと、父親は恥ずかしそうに下を向いて「まあ、あったと思います」と答えたのには驚いてしまった。

この場合、自己中心性が強いのは、子どもというよりも父親であった。「自分が卒業した大学以上のところに行け」と言って、子どもの人生まで自分のもののように支配することは、人権的、倫理的にも許されない。しかもそれを暴力で強要しており、きわめて自己中心的で問題のある父親である。

子どもが父親や母親に暴力をふるうのは、ある意味で復讐であった。父親の家庭内暴力は人権上問題がある、ということを訴えるために彼は親に暴力をふるったが、自分もまた親の人権を無視していたのである。

この例のように日本では、親が自分たちの名誉のために、子どもに勉強を強要することがある。子どもが出世するためと親は言うが、実際は親自身の名誉のためという場合がきわめて多い。親のために子どもに勉強をさせるということは、明らかに人権違反である。このことをしっかりと親が理解しないと、家庭内暴力は容易に消えないであろう。

また別の例では、ある有名進学校の中学生が、一年の後半から学校にまったく行かなくなり、自分の部屋に閉じこもってしまった。この閉じこもりが四年目に入った時、彼の親が私の外来に来たのである。

彼は、電気を消して、昼間も夜も暗闇の中で暮らしていた。母親は食べ物を彼の部屋の前に置くだけであり、その食べ物が減っていること以外に彼が生きているという証拠は、夜テレビがチカチカ光るのが戸を通して見えることくらいだった。これはひきこもりというのではなく、閉じこもりと言うべきである。この進んだ文明の中、洞窟のような自分の部屋に住み、まったく親とも話をせず、食事を食べて寝ているだけというこの原始的な生活には、何の意味があるのであろうか。

言うまでもなくそこには、親への復讐という意味合いがあった。鞭打たれ受験勉強をして、やっと有名中学に入ったが、周囲の学力レベルがあまりにも高く、彼はもう疲れ果ててしまった。そして、「これ以上私は勉強できません」という意味で、無抵抗主義に陥ったようである。母親が何と言おうとも彼はまったく動かなかったし、しゃべりもしなかった。父親が出てきても身体を硬くし、まったく動くことはなかった。そして「俺の部屋に入ってくるな」とひとこと言ったきり、二度と喋ることはなかったのである。そのため母親は、彼の部屋にはまったく入れず、彼はきわめて厳しい閉じこもりになっていったのである。

単に眠っている、布団でゴロゴロしている生活をするだけでも異常と言わざるをえないのに、これが四年も五年も続いているのである。ここまで続くと、この抵抗は暴力のようなものである。特に母親にとっては、暴力をふるってくれた方がその意味がわかるだけに、気が楽だったかもしれない。しかし逆にまったく何もしないという無抵抗主義は、それこそ恐ろしいほどの精神的暴力を母親や父親に与えた。

このような彼の行動は、母親の過剰な過保護と勉強中心の考え方に対する抵抗が引き起こしたものである。それを母親はまだわからず、私のところに来て、「先生、何とか助けて、高校を卒業させて大学に行かせてください」と言う。奇しくもその女性は、学校の教師なのだが、彼女は、人を教育するというのはどういうことかをわかっているのだろうか。子どもたちに何を教えようとしているのであろうか。

日本は教育至上主義、学歴至上主義、また偏差値至上主義であった。そのため、かつてはアジアの中でもトップレベルの学力を誇っていた。しかし昨今、日本の学力レベルは、中国、韓国、シンガポールなどにおくれを取り、依然として下がりつつある。つまり教育立国とは言えなくなってきているのである。では日本を追い越した国々に、家庭内暴力やひきこもりは見られるのであろうか。私の知っている限りでは、そのようなことはほとんどない。

したがって教育立国としての日本は、本当の意味で子どもの内面を重視せず、また人権、自由、自立という考えを根本的に欠き、ただ偏差値という数字、大学というラベルなどにしか価値を置いていなかったと言わざるをえない。日本の教育の退廃化は、このような例にも見られるものなのである。日本は民主主義の根本、人権というものの根本、自立というものの根本から子どもを見直さなければいけないことだろう。特に自立は、日本には欠かせないものである。

日本における母性社会を生き抜くためには、母性のぬくもりから離脱できる力強い青少年たちが出てくることを期待するしかない。そのような強さを持ってこそ、真の意味の勉強を果たすことができ、日本を支え、そして自分の幸福を作り出すことができると言えよう。

引用・参考文献

警察庁（編）2004　『警察白書　平成一六年版』　ぎょうせい
警察庁生活安全局少年課　2004　『少年非行等の概要　平成一五年一月～一二月』
内閣府（編）2003　『青少年白書　平成一五年版』

第5章　単独犯罪の症例

1 単独犯罪

単独犯罪は集団犯罪と違って対人関係が苦手な人が多く、一人でひきこもっているような人が起こすことが多い。そしてまたひきこもりは、いじめ→不登校→ひきこもり、という流れに沿っているのが圧倒的である。しかしひきこもりの数は正確に調べることはできない。大体の推定からひきこもりは約八〇万人前後と言われており、そのうち80％が男性と言われている。

ひきこもりの原因は、不登校にあると言ってしまえばきわめて単純であるが、まず対人関係が苦手であることが根底にある。ひきこもりの人たちの中には、一般の人たちが考えるように単にひきこもっているのではなく、分裂病質人格障害、分裂病型人格障害、妄想性人格障害、回避性人格障害、境界性人格障害、反社会性人格障害、といったような、人格障害がかなり含まれ、他には強迫性障害、うつ病、精神分裂病（統合失調症）といった人たちが含まれていることが充分に考えられる［町沢、2003］。純粋に精神医学的問題のないひきこもりは意外に少ない。特に強迫性障害は、実際一般の人にはあまり知られていないため、強迫性障害をともなうひきこもりが単なるひきこもりとされ、かなりの悲劇が生じてしまっている。彼らには臨床的な治療が必要である。

いくつかは前述のものと重なるが、ひきこもりやすい人格障害を説明しよう［高橋ほか、2000］。

分裂病質人格障害（シゾイドパーソナリティ障害）

社会的関係からの遊離、対人関係状況での感情表現の範囲の限定の広範な様式で、成人期早期までに始まり、種々の状況で明らかになる。以下のうち四つ（またはそれ以上）によって示される。①家族の一員であることを含めて、親密な関係を持ちたいと思わない、またはそれを楽しく感じない。②ほとんどいつも孤立した行動を選択する。③他人と性体験を持つことに対する興味が、もしあったとしても少ししかない。④喜びを感じられるような活動が、もしあったとしても少ししかない。⑤第一度親族以外には、親しい友人または信頼できる友人がいない。⑥他人の賞賛や批判に対して無関心に見える。⑦情緒的な冷たさ、よそよそしさ、または平板な感情。このようなうち四つないしそれ以上あると分裂病質人格障害と呼ぶのである（シゾイドパーソナリティ障害）。

分裂病型人格障害（失調型パーソナリティ障害）

人に対してしばしば関係念慮や奇異、奇妙な考え、あるいは妄想的な確信を持っていることが多い人たちである。親密な関係では急に気楽でいられなくなること、そうした関係を急に訂正する能力が足りないこと、および認知的または知覚的歪曲と行動の奇妙さのあることの目立った、社会的および対人関係的な欠陥の広範な様式で、成人期早期までに始まり、種々の状況で明らかになる。以下五つ（またはそれ以上）によって示される。①関係念慮、人が自分のことを噂しているのではないかという考えを持ちやすい。②行動に影響し、下位文化的規範に合わない奇異な信念、または魔術的思考、要するに奇妙な思考の持ち主である。③普通でない知覚体験、身体的錯覚、テレパシーなどの体験を持っていることがある。④奇異な考え方と話し方、例えば、抽象的で、細かい説明をし過ぎて、どのような話をしたいのか途中でわからなくなるような話し方である。⑤疑い深さ、または妄想様観念。⑥不適切な、または限定された感情。⑦奇異な、奇妙な、または特異な行動または外見。⑧第一度親族以外には、親しい友人または信頼できる人がいない。⑨過剰な社会不安があり、それは慣れによって軽減せず、または自己卑下的な判断よりも妄想的な恐怖をともなう傾向がある。このような九つのうち、五つ（またはそれ以上）あると分裂病型人格障害（失調型パーソナリティ障害）と呼ぶことになる。

妄想性人格障害（妄想性パーソナリティ障害）

他人の動機を悪意あるものと解釈するといった、広範な不信と疑い深さが成人期早期までに始まり、種々の状況で明らかになる。以下のうち四つ（またはそれ以上）によって示される。①十分な根拠もないのに、他人が自分を利用する、危害を加える、またはだますという疑いを持つ。②友人または仲間の誠実さや信頼を不当に疑い、それに心を奪われている。③情報が自分に不利に用いられるという根拠のない恐れのために、他人に秘密を打ち明けたがらない。④悪意のない言葉や出来事の中に、自分をけなす、または脅す意味が隠されていると読む。⑤恨みを抱き続ける。つまり、侮辱されたこと、傷つけられたこと、または軽視されたことを許さない。⑥自分の性格または評判に対して他人にはわからないような攻撃を感じ取り、すぐに怒って反応する、または逆襲する。⑦配偶者または性的伴侶の貞節に対して、繰り返し道理に合わない疑念を持つ。このような七つのうち、四つ（またはそれ以上）あると妄想性人格障害（妄想性パーソナリティ障害）と呼ぶのである。

自己愛性人格障害（自己愛性パーソナリティ障害）

誇大性（空想または行動における）、賞賛されたいという欲求、共感の欠如の広範な様式で、成人期早期までに始まり、種々の状況で明らかになる。以下のうち五つ（またはそれ以上）によって示される。①自己の重要性に関する誇大な感覚。②限りない成功、権力、才気、美しさ、あるいは理想的な愛の空想にとらわれている。③自分が「特別」であり、独特であり、他の特別な、または地位の高い人達に（または施設で）しか理解されない、または関係があるべきだ、と信じている。④過剰な賞賛を求める。⑤特権意識、つまり特別有利な取り計らい、または自分の期待に自動的に従うことを理由なく期待する。⑥対人関係で相手を不当に利用する、つまり、自分自身の目的を達成するために他人を利用する。⑦共感の欠如、他人の気持ちおよび欲求を認識しようとしない、またはそれに気づこうとしない。⑧しばしば他人に嫉妬する、または他人が自分に嫉妬していると思い込む。⑨尊大で傲慢な行動、または態度。このような九つのうち、五つ（またはそれ以上）あると自己愛性人格障害（自己愛性パーソナリティ障害）と呼ぶことになる。

回避性人格障害（回避性パーソナリティ障害）

社会的制止、不全感、および否定的評価に対する過敏性の広範な様式で、成人期早期までに始まり、種々の状況で明らかになる。以下のうち四つ（またはそれ以上）によって示される。①批判、否認、または拒絶に対する恐怖のために、重要な対人接触のある職業的活動を避ける。②好かれていると確信できなければ、人と関係を持ちたいと思わない。③恥をかかされること、またはばかにされることを恐れるために、親密な関係の中でも遠慮を示す。④社会的な状況では、批判されること、または拒絶されることに心がとらわれている。⑤不全感のために、新しい対人関係状況で制止が起こる。⑥自分では社会的に不適切である、人間として長所がない、または他の人より劣っていると思っている。⑦恥ずかしいことになるかもしれないという理由で、個人的な危険をおかすこと、または何か新しい活動にとりかかることを避け、異常なほど引っ込み思案である。このような七つのうち四つ（またはそれ以上）あると、回避性人格障害（回避性パーソナリティ障害）と呼ぶことになる。

依存性人格障害（依存性パーソナリティ障害）

面倒をみてもらいたいという広範で過剰な欲求があり、そのために従属的でしがみつく行動をとり、分離に対する不安を感じる。成人期早期までに始まり、種々の状況で明らかになる。以下のうち五つ（またはそれ以上）によって示される。①日常のことを決めるにも、他の人達からのありあまるほどの助言と保証がなければできない。②自分の生活のほとんどの主要な領域で、他人に責任をとってもらうことを必要とする。③支持または是認を失うことを恐れるために、他人の意見に反対の表明をすることが困難である。④自分自身の考えで計画を始めたり、または物事を行うことが困難である。⑤他人からの愛情および支持を得るために、不快なことまで自分から進んでするほどやりすぎてしまう。⑥自分の面倒をみることができないという誇張された恐怖のために、一人になると不安、または無力感を感じる。⑦一つの親密な関係が終わった時に、自分の世話をし支えてくれる基になる別の関係を必死で求める。⑧自分が残されて、自分で自分の面倒をみることになるという恐怖に、非現実的なまでにとらわれている。このような八つのうち五つ（またはそれ以上）あると依存性人格障害（依存性パーソナリティ障害）と呼ぶことになる。

依存性人格障害は、このように成人期早期に始まるとなっているが、実際はもっと小さい時、小学校の頃から人格障害は見られるものである。さらに幼稚園からも見られるものが多いのである。したがって、このような基準で成人期早期でなければ、人格障害の診断ができないというのは、明らかにいき過ぎである。したがってそのような観点でひきこもりの青少年たちを見てもらいたいと思う。

反社会性人格障害

他人の権利を無視し侵害する広範な様式で、一五歳以降で起こっており、一五歳以前に行為障害が見られる。以下のうち三つ（またはそれ以上）によって示される。①法にかなう行動という点で社会的規範に適合しないこと、これは退歩の原因になる行為を繰り返し行うことで示される。②人をだます傾向、これは繰り返し嘘をつくこと、偽名を使うこと、または自分の利益や快楽のために人をだますことによって示される。③衝動性または将来の計画を立てられないこと。④いらだたしさおよび攻撃性。これは身体的な喧嘩または暴力を繰り返すことによって示されている。⑤自分または他人の安全を考えない向こう見ずさ。⑥一貫して無責任であること。これは仕事を安定して続けられない、または経済的な義務を果たさない、ということを繰り返すことによって示される。⑦良心の呵責の欠如。これは他人を傷つけたり、いじめたり、または他人のものを盗んだりしたことに無関心であったり、それを正当化したりすることによって示される。

このような人格障害は、反社会性人格障害を除いて単独犯罪、あるいはひきこもりから、いきなり犯罪に至る人に見られやすい人格障害である。単独犯罪、あるいは個人犯罪の多くは、孤独で対人関係が欠如している人たちによるものが多く、彼らは一人でいるが故に、孤独の中で空想、妄想をかかえている。特に思春期の頃は、空想癖が強いものであり、自己中心的な世界を持っていることが多い。神戸の連続児童殺傷事件*の少年Aのバモイドオキシンという神様への宗教的な考えなどは典型的であり、バモイドオキシンという神が実在するかのようにお願いや感謝した行動が見られた。また佐賀バスジャック事件*の少年も、この世界を血の海にする、あるいはまた捕まった後も福岡を子ども王国にする、そして自分はその王様になると言っていたものである。

また昨今はこのような単独犯罪を起こす多くの青少年はインターネットを使うことが多い［町沢、2000］。インターネットによって、自分の孤独を避けることが一つの大きな理由である。また積極的にインターネットで自分の存在を明らかにする自己誇大感もあると

神戸連続児童殺傷事件
一九九七年に兵庫県神戸市で発生した連続殺人事件。被害者が全て小学生であったこと、通り魔的犯行や遺体の損壊、挑戦状の郵送など残虐行為が目立つ特異な事件であったが、のちに逮捕されたのが当時一四才の少年（少年Aとする）であったことが社会に最も強い衝撃を与えた。この事件を境に、少年事件やそれに関連する法整備、少年事件におけるマスコミの対応などが大きく注目されるようになった。

佐賀バスジャック事件
二〇〇〇年五月三日、九州の佐賀市から福岡市に向かう西日本鉄道の高速バスを、刃渡り約四〇センチの牛刀を持った一七歳の少年がバスジャックした事件。犯人は三人を刺し、うち一人が死亡。事件発生から一五時間半後の四日午前五時すぎ、小谷サービスエリアで停車中、警察の突入により少年は逮捕。逮捕までの様子はテレビで生中継された。犯人の少年は固定ハンドルネームを用い、インターネット掲示板「2ちゃんね

思われる。長崎県の佐世保市女子児童殺害事件*の場合にも、ホームページには黒魔術、あるいは彼女固有の『バトル・ロワイアル』のストーリーなどが書かれている。これも彼女自身の暗い世界を表しているものであった。単独犯罪の中には、神戸の少年Aのようにマスメディアに登場し、あえて自分の犯罪の声明を出すようなこともある。それはまた宮崎勤事件の犯行声明ときわめて似ているものである。情報社会をまさに逆手にとった犯罪の形態である。しかもそれは当然、自分自身の存在、犯罪を起こした「私」を誇大的に知らしめ、いわば社会を巻き込んでヒーローにならんとする振る舞いであるものが多い。それによって「劇場犯罪」[小田、2002]と呼ばれたりすることにもなる。

だいたいが、今まで一人で小さく竦んでいた彼らの存在を、すべてに知らしめる自己愛的な犯罪形態となっていることが多い。また平成一一年八月の愛知県西尾市の女子校生ストーカー殺害事件*では、殺害犯の一七歳の少年は少女にストーカー的な行為を示し、自分が嫌われ、交際ができないとわかると、ストーカー行為は加熱した。その中で、犯行声明文を堂々と示す神戸の少年Aに尊敬の念を抱いていた(バスジャック犯の少年も、神戸の少年Aの行動形態を尊敬していた)。このように悪い自分であれ、誇大的に自己表現する犯罪者を英雄として見なすのは単独犯罪者の一つの特徴である。

この西尾市の一七歳の少年は、「猛末期頽死」[小田、2002]と命名された。そしてさらにその前の埼玉県の連続殺害事件、宮崎勤の犯罪は、確かに劇場で何かを演ずるかのような自己愛的な犯罪であることが特徴である。また神戸の少年Aに戻ることになるが、殺し

る」に犯行予告らしき書き込みを行ったことや、警察の特殊急襲部隊(SAT)が出動したことで話題となった。→171ページ。

佐世保市女児児童殺害事件
二〇〇四年六月一日午後、長崎県佐世保市の小学校で、六年生の女子児童が同級生の女児にカッターナイフで切り付けられ、死亡した事件。学校が舞台の小学生による殺人事件であり、世間に大きな衝撃と波紋を投げかけた。

犯行を行った加害女児と被害者は、お互いにウェブサイトを運営し、パソコンでチャットや、掲示板に書き込みをする仲であった。犯行の動機について加害女児は、ウェブサイト上の掲示板などで身体的特徴を中傷されたことを挙げている。

てみたかった、人間の死を見たかった、というような知的好奇心で殺している側面もある。それはちょうど、愛知県豊川市の主婦殺害事件*と類似のものであった。家から持ってきた草刈鎌を隠し、クラブ活動が終わった後に、工作室から持ち出した金槌で主婦の頭部を数十回殴り、死亡しなかったために、その家の包丁でその主婦を殺害したというものである。自分の持ってきた鎌は使わず、しかも殴ったのは頭だけであった。つまり少年は「頭」に異常な興味を持っていたのである。そして自ら出頭し、その取調べの中で彼は、「人を殺す体験をしてみたかった」「自分には殺人の体験が必要だった」と述べている。彼の場合も人間がどういうものかを知りたいという知的好奇心が、病的なまでに広がった殺害である。この辺も少年Aのケースと類似している。この少年はアスペルガー症候群*と鑑定されているが、アスペルガー症候群というのは、非言語的な現象に対しての感受性が鈍いものであり、人の表情の把握も苦手である。そのために人の中で浮き上がってしまうことが多く、孤立してしまうことが多い。つまり自閉症の仲間に入るのであるが、知的レベルは普通の人と変わらないのである。このようなアスペルガー症候群の少年が殺人を犯すことには、いささかの疑問がある。さらに単独犯罪には、精神病的な幻聴がある場合が多い。バスジャックの少年も、「殺せ、殺せ」という幻聴を終始聞いていた。さらにまた一七歳の少年による横浜電車内ハンマー殺人未遂事件*も、「殺せ、殺せ」という幻聴の下に導かれたものであった。このように精神病的な幻聴があるといって、彼らを直ちに精神病とは診断しにくいものである。なぜならば、その幻聴以外はものごとを実に適格に判断し、犯罪

西尾市女子高生ストーカー殺害事件
一九九九年八月九日、愛知県西尾市で、県立高校二年の女子生徒が胸などを刺され、死亡した事件。現場付近にいた西尾市内の無職の少年（一七歳）を殺人未遂容疑で現行犯逮捕。少年は、被害者に中学時代から好意を寄せており、調べに対し、ストーカー的な犯行を繰り返していたことを供述した。

豊川市主婦殺害事件
二〇〇〇年五月一日、愛知県豊川市の主婦が自宅で殺害された事件。殺人などの容疑で逮捕された愛知県内の少年は、被害者とは面識がなかった。

アスペルガー症候群
小児期の発達障害の一つで、対人関係障害と情緒障害を主とするもので、知的発達は保たれる。共感性に乏しく、他人との情緒的な交流を持つことが困難で、関心の幅は狭いが自分の関心のある事柄には熱中する。自閉的精神病質ともいう。

計画もきわめて冷静なものであり、リアリティをすべて失っているとは言いがたい。また二〇〇〇年に新潟県柏崎市で起こった少女拉致監禁事件では、犯人には拉致監禁した当時から強迫性障害が顕著に認められていた。この少年は、「手が汚れる」と言って、ものをつかむことをせず、手を使う仕事をすべて母親に要求し、本を買わせても、その本が折れていたり、きれいでなければ、もう一度買いに行かせるなどの強迫性障害が見られた。また、バスジャック事件の少年にも強迫性障害が見られ、いつも手洗いが頻繁であり、母親にすべてものを持たせて、自分は直接触らなかったということである。このように単独犯罪を犯した少年には、何らかの問題、精神病的なもの、幻聴、強迫性障害、そしてまた独特の空想や妄想、というようなことがあり、それらを媒介にして犯罪が起きていることが多い。

横浜電車内ハンマー殺人未遂事件
二〇〇〇年五月一二日、一七歳の少年が、ＪＲ根岸線の走行中の電車内で乗客一人をハンマーで殴打し重傷を負わせた事件。

2 ひきこもりの放火事件

「被疑者は父親と二人暮らしのものであるが、起きて食事をしようとしてコーヒーがなかったことに憤慨し、『自宅に火を放って父親に心配をかけてやろう』と決意し、自宅六畳間にベンジンを撒き、ライターで放火し、自宅木造平屋一部二階建店舗兼居宅を全焼させ、東隣の民家二軒を半焼、西隣の居宅の一部を焼燬せしめたものである」

被疑者は二六歳の男性で実姉が一人いる。父系従兄に精神病歴があるが器質性精神病*かもしれない。幼時は母親および祖母に溺愛されて育っており、一方父親は被害者に似たところがあり、やや神経質で自宅の商店の営業も祖母が取り仕切っていた。実母が中学三年のときに死亡し、その後祖母が死亡するまでは、お祖母さん子として育っている。祖母が死亡した後は依存していた対象を失うことになり、その後店の手伝いに来ていた従姉と父親との仲を被疑者は疑っていた。しかしそれを直接には表現せず、恨みと憤慨を内向させているという状態にあった。すなわち、被疑者は、

①父親との同一化による男性の同一化が不十分であったと思われる。

②いわゆるお祖母さん子であり、母親と祖母に溺愛されて育っており、欲求不満耐性が低いこと、しかもその依存対象の喪失が思春期および受験失敗の時期に重なっている。

③父と従姉との仲を被疑者は疑っていた。亡母への愛情が強ければ強いほど、父親に対するエディプス複合的な憎悪が強くなっていたのである。被疑者はこの因果関係を意識はしてないようであり、それがわけのわからないうっ積という形をとっていたものと思われる。

被疑者は知的には正常範囲にある。しかし中三のころから「男女に限らず、対人関係に対して、何ともいえず敏感になった」と述べている。高校に進学して、一ヶ月くらいで急に登校拒否となり、一年間ほとんど学校に行くことができず留年した。その後は断続的に

器質性精神病
脳の器質疾患にともなって見られる精神病。脳の器質疾患の代表的なものとしては、老年痴呆、脳動脈硬化症、脳腫瘍、脳炎、脳外傷など。幻聴、被害妄想、昏迷状態、興奮、躁状態やうつ状態などが認められる。

進学し、何とか三年に進んだがその後再び留年し、結局五年かけて卒業した。不登校の理由として本人が言うのは、「対人恐怖症」であり、高校に通いはじめたころ、「英語の先生にひどい恥をかかされた」ことがきっかけの一つであったらしい。登校拒否中は「家でゴロゴロして音楽など聞いて」いる状態であり、暴力をふるったり非行に走ったりすることはなく、むしろ「エネルギーの足りない」状態であった。登校拒否が始まってからは、精神保健センターに断続的に通っていた。

高校卒業後は、大学進学を目指し、三回受験していずれも失敗している。予備校の入学手続きを取ったが二、三回行っただけでやめてしまい、続かず、家でもほとんど勉強していなかった。この期間にアルバイトを見つけてきたこともあったが一、二回行くだけでやめてしまった。受験失敗後、大学は断念し、「家業を手伝う」と言いながら実際は家でブラブラしているだけであった。そうした生活を送るうち、次第に「自分だけが社会に取り残される」ような気持ちになり、不安焦燥感が強まった。そうした気持ちを紛らわすためにウイスキーをがぶ飲みしたり、物に当たり散らすようになり、また気分が落ち込みがちになって、「死にたい」と言い出すようになった。数回手首を切ったり、コンセントで感電死を試みるなどの自殺企図があったという。

そのうち「自分は病気だ、臆病だ、変な顔をしているので皆が避ける」と言い出すようになり、T精神病院に入院したが、入院中病院のトイレで首吊り自殺をはかり、一時仮死状態となったが救命処置で特に後遺症は残さず回復している。約五週間後に退院したが、外来通院はせず、自宅で自閉的な生活を送っていた。退院後五ヶ月くらいして、「自立して仕事につこう」と友人の誘いに応じて上京、就職したが一ヶ月くらいして自宅に戻った。その後は再び不安や焦燥感が高まり、家族に対する暴言や暴力が出はじめた。従姉にダーツの要領で包丁を投げつけたり、突然殴りつけたりした。一方、突然「寂しい」と言って父や姉に抱きついたりした。こうした暴力や寂しがりは父親が正面から抱き止めると治まった。第一回退院後一〇ヶ月くらいして、家にある赤い物すべてを、「赤い物は（闘争を意味するので）よくない」と捨てさせたり、「天安門事件のあと、参議院選挙があり、野党が圧勝したので戒厳令が布かれているような気がして」不安、焦燥が強まって入院した。その際の病院での入院病名は「境界性人格障害」ということであり、「不安焦燥感が前景に立ち、時に自殺念慮も見られ、また感情の不安定も目立った。しかし向精神薬の投与などにより、前記諸症状はほぼ消退し退院させられた」と診療録にある。なお退所後のデイケア通所をすすめたが、本人は納得せず、外来で相談していくことになった。要するにこれらのさまざまな事柄が複合した結果、不快感情が一気に浮かび上がり、焦燥感がつのって、八つ当たり的に放火したということであろう。

このようにこの少年は放火をし、自殺念慮も再三見られた。また家庭内暴力もあった。この彼も、放火とはいえ、ひきこもりの際に、「自分は病気だ」「肺ガンだ」「変な顔をしているので皆が避ける」といったような身体醜形障害のような症状が出はじめ、妄想的だと言えるものであった。ひきこもりの犯罪例を見ると、大体このような妄想傾向、あるいは妄想、幻聴、がきわめて多い。またこの少年も、他のひきこもりの犯罪者と同様に、対人関係がきわめて悪く、人に脅えて対人恐怖症になっている。そのために外に行かれず孤立を一層深めてしまい、孤立をすれば常識的なものの見方を失ってしまう。自己中心の、また自分特有の妄想世界を持ってしまうのであるが、この事件はそのような例の典型だと考えられる。

3　佐賀バスジャック事件

この事件は、一七歳の少年がバスジャックを起こし、女性を一人殺した事件であった。

少年は中学校を卒業し高校に入るが、入って間もなくその高校を辞めている。彼は小学校、中学校といじめをずいぶん受けたようである。色んなものを盗まれたり、制服をカッターナイフで切り裂かれたり、「ふで箱を返してほしかったら、ここから飛び降りろ」と言われたりしていた。言われた通り、五メートルの高さから飛び降りた結果彼は腰椎圧迫骨折となり、急遽入院することになった。そのために少年は、高校受験も病院で行っている。実は私は少年がこの時期に精神分裂病（統合失調症）を発病したのではないかと思っている。私はこの事件に最初から関わっていただけに、細かいことを他の人よりもよく知っている。ともあれ、高校受験に合格したものの、急速に勉学への意欲を失い、少年は一ヶ月ほどで不登校になり、家にひきこもるようになった。高校の担任が何度も自宅に足を運び登校を呼びかけても、少年は誰とも口をきかず、なぜ学校に行かないのか、その理由すらしゃべろうとはしなかった。

一九九九年三月、少年は出席日数不足で進級ができなくなり、退学を余儀なくされた。「あそこの学校は課題や宿題が多かった。それを全部提出しきれなかったので、学校が嫌になって辞めた。」退学の理由を少年は中学時代の同級生にこう話している。かくて少年は自宅にひきこもったまま、昼夜逆転の生活を続けていた。少年がインターネットをやりたいといったので、両親はパソコンを買い与えた。両親も息子が何か一生懸命になれるものがあれば、それを与えれば前向きになれるのではないかと期待したのである。少年は二〇〇〇年二月頃からパソコンを与えられ、それに夢中になった。少年がのべ約二、〇〇〇のホームページを閲覧していた記録が残っている。少年は特にインターネットの掲示板が気に入ったようで、二月二四日ころからキャットキラーと名乗り、頻繁に書き込みを繰り返していた。ホームページ上ではキャットキラーはともかく攻撃的で、その際立った攻撃性が注目を集め、彼はたちまち掲示板の人気者になった。そうして、掲示板の多くの反応を見て傷付いたり、あるいは人を攻撃したり、といったことを繰り返していた。

この少年は寝食を忘れるほど、この掲示板に夢中になっていた。人間は信じられない、社会は信じられない、学校は信じられない、先生は信じられない、果てしないいじめの無力感からこのような感想を抱いており、それと同時に意欲の低下、社会への敵意が見られ、被害妄想が心の中核を占めるようになった。

少年が入院前日の三月四日に書いている手記がある。

「何で僕はこんな事書いているんだろう。

さっき犯行声明文を出してきた。

なんか恐ろしい事を書いた気がする。

僕は昔から怒ると何をするか解らないと言われた。

けど最近、もう一人別のが出てきた。

そいつは僕に恐ろしい事を勧める。

人を殺せ、人を殺せ

誰か僕を止めてください。

もう止まらない。もう止まらない。

父と母が少し気づいたようだ。

僕は人を殺した時、

自らの破滅によって一生を終える。

もう死ぬか、

人を殺すのか。

今のぼくは何なんだろうか。

コレデオワリ、コレデオワリ、

モウオシマイ、モウオシマイ、スベテサヨウナラ、
バーイ

3/4 18 : 15」

入院するきっかけは、著者に母親が電話したことから始まる。それは家庭内暴力の相談というわけではなく、家庭の中にナイフ、包丁、スタンガン、遺書、声明文、などが並べられていたのを母が見つけたからである。そもそもこの家では、夜になると遠くまで母親や父親が車でドライブをするのが習慣になっていた。広島や大阪などまで行くのである。その時に母親が合鍵を作って彼の部屋を開けて、そのナイフ、包丁、スタンガンが並んでいるのを見たのである。特に犯行声明文、遺書、というのは彼女にはショックなことであり、これは間違いなく犯罪を起こすだろうと母親は考えたのである。その三日前から、彼は自分の小学校からの教科書、アルバム、作文、絵、などというものを延々と焼いていた。そのことも母親にこれはなにかをやるという確信を与えた。その時に著者に電話をかけてきて「間違いなく犯罪を起こすようだ。どうしたらいいのか」ということを相談した。

そこで著者は、警察に連絡し、警察からの出動を願って、病院に運んでもらうことにした。病院は初めは拒否していたが、やがて彼を引き受けるということで、彼は入院することになった。著者はこれで一応問題は解決したと思っていた。入院前、彼は幻聴があって、それはうめきに近いものであったが、入院後、幻聴の声と自分の波長が一致したと告白している。つまりバスジャック事件を起こそうと思いついたことで、両者は矛盾なく一致し

たのである。そこにバスジャック事件をやって人を殺しても後悔することはなく、恐怖のない世界が展開した。少年が病院に入院しても、このような幻聴妄想があるにもかかわらず、投薬はされていなかった。そしてまた医療保護入院にもかかわらず、間もなく、外出、外泊が許可されることになった。少年が病院を出て外泊が許可された前日、つまりバスジャック事件が行われる前日に書いた日記がある。そこには、

「もう誰にも僕の邪魔はさせない。僕が長い年月を掛けて練った大切な大切な計画を貴様らは台無しにした‼　決して許すことはできない。いつ頃から立てた計画だと思う？　一一歳の時からですよ。六年三組の卒業写真で僕は立って睨み付けたようにしてたでしょう。全てはあの時から初（ママ）まっている。これ以上、計画の遅延は許されない。

本意ではないが…これで我人生を終わらせようと思う。それにしても許せない‼

皆殺しにしてやる‼　殺してやる‼　楽に死ねると思わないことだ‼

一人でも多くの人間を殺さねば‼　それこそが我使命。こんなことになるとは…

少少注意が足りなかったようだ…。ちなみに本来練っていた計画はこれではない。

ともかくひとりとしていかしておけないみんなころすころすころしてやるころしてやるころすころす

それこそがわがしめいなのだから

いのちをかけていのちをかけてひとをころすころさなければならないのです

ひんとおしえてやろうか⁉⁉⁉

なんの？
ちはあかいちはあかいちはあかい
たくさんながれてしにいたる　しとはむ　むとは？？？これのくりかえし
ぼくはそのはしわたちやく　みちびくやく
むげんのかいだんをのぼるのだむげんのかいだんをのぼるのだ」
と書かれている。
また四人の人物に手紙を送った、と書いており、
「一人は第八四代内閣総理大臣…
一人は警察庁長官…
一人は文部大臣…
一人は日本放送協会会長…この四人
さらに
我、革命を実行する‼
貧穢《（ママ）》なる愚者に死を‼
我は死を恐れず‼
我に栄光あれ‼」
また
「貴様らに楽しい連休などさせるものかっ‼

恐怖と絶望に埋めてやる‼

楽しい旅行？　デート？　ふざけるな‼

スベテの生命体が我敵‼　殺してやる‼　殺してやる‼　殺してやる‼　殺してやる‼

貴様らは僕の計画を台無しにした‼

　許せない‼」


と続く。

　このような内容がもっと細かく書かれているが、この日記はバスジャックを起こす寸前に病院で書かれているのである。これをもし主治医が見たならば、外泊を許可するはずはないのであるが、放りだして置いてあった日記を誰も見ることはなく、彼は外泊に出ていくのである。

　少年がバスジャックを犯し、留置場に入れられた時のことである。母親が面会に行った時、彼はすっかりブラックヒーローと化しており、胸を反らせて、「テレビはどのように報道していた？」、「新聞にはどう書いてある？」「新聞持ってこい」などと言っていた。「あなたは人を殺したというのに、何てことを言っているの」と母親が諭しても、無反応だったという。

　すでに妄想の世界の住人である少年は、罪悪感などとうに消えてしまっていたのであろう。そして二、三週間後には母親に、「福岡に子どもの王国を作り、自分はその王様になる」という妄言を吐いている。

これは少年の内部で、生の実感、リアリティがきわめて希薄になっていることを示している。ひとりの少年に、ちゃんとした治療がなされないまま病状が進行していく過程が、その妄想や思考から十分に伝わる。

このような状態の少年を鑑定医は、解離性障害*と診断しているのである。あるいは解離性健忘*、つまり解離性障害の圏内としている。しかし、このような記載や妄想・幻聴があったことを考えると、精神分裂病（統合失調症）と考えるのが妥当ではないだろうか。これもすでに述べたように、単独でひきこもった末の犯罪はどうも妄想や幻聴といった精神病的な傾向や奇妙な非現実的な考えを持っていることが多い。この少年もまた両親の超過保護を受けて育ったものであり、そのために情緒のコントロール、倫理の学びが不足している。また対人関係の能力が低く、孤立してしまうために、いじめにあっている。勉強よりもむしろ対人関係の能力をまず考えてあげることが先ではなかったかと思う。

さらにまた社会システムが非常に問題である。この少年が何をやるかわからない、人を殺すかもしれない、という時に、母親が保健所、児童相談所、警察、病院、と所在を転々とするのだが、皆何も手助けをしてくれなかったのだ。しかも、いじめを受けた学校に行って、「いじめがあったのではないか？」と言っても、「いじめはない。ただふざけただけです」というようなことを言われただけであった。このように母親は、何をするかわからない少年を前に孤立していた。その時に著者に電話を入れたのである。著者は病院に入院する道をひらいた。しかしそれも医療保護入院でありながら、外泊を許可することによって、

解離性傷害
一過的に意識の解離が見られる精神障害の総称で、意識の統合機能の傷害や身体運動の統制が失われる。

解離性健忘
→72ページ。

その外泊をした翌日の朝に福岡からバスに乗ってバスジャックを行って、一人の女性を殺し、また他の人にケガをさせたのである。少年はやっと広島で捕まり、逮捕された。

このように事件が起こらなければ何もしない日本のシステムに大きな問題があるだろう。警察も動かないということ、病院も協力しないということ、そのような日本の犯罪予防の欠如は、少しずつ改善されている傾向にはあるが、十分な状態になってはいないのである。

この少年は幻覚妄想のみならず、強迫性障害も持っていて症状で言うならば、新潟の少女監禁事件の佐藤宣行被告ときわめてよく似た症状を持っていたと言える。

4 新潟少女監禁事件

一九九〇年一一月一三日、新潟県三条市の三六歳の主婦が小学校四年生の次女が帰ってこない、と近くの駐在所へ届け出た。彼女は学校のグランドの金網越しに男子児童たちのフットボールの練習を見ていたという。しかしその後の足取りをつかむことができなくなってしまった。一一月一五日朝、三条警察署内に女子小学生所在不明事案対策本部が設けられた。ヘリコプターなどで捜索されたが、まったく少女の形跡は見つけることはできなかった。

一九九一年四月頃、柏崎のホームセンターで六四歳の保険外交員（母）が一人息子に頼まれてスタンガンを購入した。「日本は安全ですが、スタンガンは携帯できる高電圧の発生装置で、痴漢、強姦、強盗犯に電撃を与えて戦意を喪失させて、危害から身を守るためのものです」と説明を受け、四万一千円を払った。このとき若い店員と少し問答になった。「お使いになるのはどなたでしょうか?」「なぜ聞かれなきゃならないの?」「護身具とはいえ、四、二〇〇ボルトでひきつけを起こさせ、使い方によっては凶器にもなるので購入者の身元を確認するように警察から指導を受けています」「女の一人歩きは物騒だから、使うのは私ですよ」「身分証明証はお持ちですか?」「運転免許証を持っています」店員は早速運転免許証をコピーにかけ、六四歳の母親は、使い方によっては凶器にもなるという言葉が気になったのだが、懲役刑の執行猶予である息子が猶予期間中に悪いことをすれば刑務所に入れられることを知らないはずがないと思い直した。

この少女監禁事件の犯人である佐藤宣行(二七歳)は、自分の母親にスタンガンを買いに行かせたのである。母親は息子に命令されて買いにきたのであるが、それでもなおかつ自分の息子を守ろうとする母親の心の動きが読み取れる。スタンガンを買いに行かせた時点で、既に佐藤は自分の家に少女を監禁していた。このスタンガンは少女が逃げないようにするための道具であった。

佐藤宣行は、地元の小、中、高校を卒業して柏崎市内の自動食品製造会社の工員になった。しかし、出勤の途中で立ち小便をした時にクモの巣にひっかかり汚れた、という理由で引き返して入浴するといった強迫性傷害の症状を持っていたため、わずか数ヶ月で退職している。その後は、まったく働いていない。小学校の時に、「怖くて学校に行けない」と訴えたので、母親が市内の病院に連れて行き精神科の診察を受けさせたところ、不潔恐怖症と診断された。週一回のカウンセリングを受けて、抗不安薬をもらうため六ヶ月の間通院した。当時四五歳の母親が普通乗用車の免許を取ったのは、この時期に一人息子を病院に連れていくためであった。またこの母親より二六歳も年上の父親は、柏崎市内でタクシー会社の役員を務めていた。この夫も不潔恐怖症、つまり強迫性障害であった。

一九八一年七月、一九歳になったばかりの佐藤宣行は、家に同居していた七一歳の父親を追い出している。父親があまりに年をとっており仲間からからかわれたので、父親を実家に追い出したのである。彼は、幼いころから「ぼくちゃん」と呼ばれ、両親から溺愛されていた。しかし一九歳の頃から家庭内暴力をふるいはじめた。母親は警察沙汰になることを心配して、夫を娘のところへ避難させた。その娘とは息子の異母系で母親と同じ年である。それから半年後に息子が家の仏壇に放火して、危うく火事になることがあった。二人暮らしになりちょっとしたことで口論となり、母親が、「私も家を出る」と言ったら、息子が激昂して火をはなった。そのものすごい形相から、自分だけ取り残されるのなら家に火をつけて死ぬ、というメッセージと受け止め、「お母さんが悪かった。ぼくちゃんを一人にしない」と謝った。しかし彼の興奮は治まらないので、やむなく長岡市の国立病院の精神科へ連れて行き強迫神経症と診断され、即日入院ということになった。小学校一年生の時から、父親が新築した二階の一〇畳ほどの洋間を早くから自分の部屋として与えられ、ゲーム機など自分の欲しいと思うものは大抵手に入れることができた。彼は、この二階を増築したいと親に申し込んでいる。すると両親とも本人のためになるならと軽く引き受けて、間もなく工事が始まった。しかし回線を接続する工事になって、工事関係者が二階に入ることを本人がかたくなに拒んだ。この部屋を他人に汚されたくない、というのが理由だった。

ところで一九八九年六月一四日の新潟日報の社会面に、「少女にいたずら未遂」の記事がある。「柏崎署は一三日午後五時半前に柏崎市四谷一無職佐藤宣行（二六）をわいせつ未遂の現行犯で逮捕した。調べてみると、柏崎宮川で下校途中の小学校四年生A子ちゃん（八）を道路脇の空き地に連れ込み、いたずらしようとしたが、A子ちゃんの上級生に目撃され、通報で駆けつけた同市の小学校事務員中沢孝一（三三）に取り押さえられた」と記されている。この時、新潟地検長岡支部は、彼を簡易精神鑑定にかけるため、新潟県立病院に連れて行った。半日かけた鑑定で、幻覚、妄想、思考障害は認められず、精神病に罹患《りかん》していない、と認められた。こうして彼は、強制わいせつ罪で起訴され、新潟地裁長岡支部で公判が行われた。この法廷で、佐藤は、「成人した女性は不潔だから嫌いです。純真無垢な少女と友達になりたくて誘いましたが、いきなり草むらに引きずり込んだのは間違いだから反省しています」と証言した。この証言の直後に、彼の父親は老人ホームで病死した。この裁判で、佐藤は懲役一年を言い渡されたが、裁判官は、再犯の恐れがなく更正が期待できるとして、三年間の執行猶予を与えたのである。

この時に警察はミスを犯している。逮捕した時点で、殺人、放火、強盗、強姦、誘拐、詐欺、わいせつ罪、などの犯人はコンピューターの犯罪手口システムに登録されることになっているが、柏崎警察署と新潟県警本部は強制わいせつで検挙した佐藤宣行に関して、データ入力をしておらず、裁判で有罪が確定した後も、登録漏れでそのまま放置していた。このミスは、少女監禁事件の犯人逮捕を大きく遅らせる原因の一つとなる。

一九九九年一二月、七三歳である佐藤の母親は、自分に対する息子の暴力が激しくなったので、柏崎市内の精神病院へ行き、「息子を入院させてください」と訴えた。すると「本人を連れて来なさい」と言われた。しかしこのような凶暴な大人の息子を病院へ連れて行くことがいかに困難であるかを精神病院や厚生省は知るべきであり、そのような患者を連れて行く手段がまず講じられなければならないと思われる。

二〇〇〇年一月一二日、母親が柏崎保健所へ行き、「何とか入院させてほしい」と相談した。このとき保健所側は、「家庭訪問して、本人の様子を見ることにする」と母親に約束している。一月一九日、保健所の職員と相談員の保健婦、市の福祉職員が訪れたが、本人が二階の自室に入れようとしないので会うことができなかった。そこで母親は、「医師に往診してもらいたい」と要請した。精神保健、及び精神障害者福祉に関する法律によれば、医師の診断により保護のための入院が必要な時は、本人の意思がなくても保護者入院で、つまり医療保護入院ができるのである。一月二八日午後一時三〇分頃、精神病院の副院長、精神科医、ソーシャルワーカー、介護部長、介護士、保健所の保健婦、市の福祉職員の七人が訪ねた。この時佐藤宣行は二階の自室にいるということなので母親の案内で部屋に入ると、彼はベッドの上で寝ていた。「あなたは精神科医の診断を受ける必要があるので、これから病院に連れて行く」「せっかく俺たちはうまくやっているのに、何で部屋に入ってきたんだ」目を覚まして起き上がると、激しく興奮して暴れだした。そこで看護士らが抑えて、医師が鎮静剤を注射したところ、午後二時頃暴れなくなったので、車に乗せて運んだ。この時に保健婦が、ベッドの上で毛布に包まった何かが動いているのに気づいた。袋状の中で監禁された被害者が震えていたのであり、はさみで切って開けたところ、黒トレーナーに黒ズボンの姿で異様に色白の女性が閉じこめられていた。「あなたは誰ですか?」保健婦が尋ねると、怯えて震えるばかりで声が出ないらしい。監禁されて九年二ヶ月、彼女は初めて佐藤宣行以外の人間に会ったのだ。

「お母さん、説明してください。」「いいえ、知りません。私は息子に叱られるので、この部屋に長い間入ったことがないんです。」どうも嘘ではなさそうで、母親自身が驚いている。毛布の中にいた女性は、足が萎えて歩行できないようで、さしあたって身元もわからない。そうであれば病院へ連れて行くしかなく、保健婦は付き添って車に乗せた。その途中で女性ははっきりと名前を告げて、保健婦に打ち明けた。「三条市の小学校四年生の時、下校中に車のトランクに押し込められ、今の家に入れられました。一〇年近くなるけれど、一歩も外に出たことがないんです。」驚いた保健婦は、精神病院に到着した後、公衆電話で一〇四番に問い合わせ、女性の家に電話をかけたが、誰も出なかった。そこで柏崎署に通報し、事情を説明したところ、午後二時五〇分頃、刑事課から三人が駆けつけた。そして指紋照合のため警察署へともない、本人と確認されたのが午後四時三〇分頃で、三条市から急行した母親と二、三六四日間ぶりに対面した。この時、県警側は自分たちがこの男性を捕まえ、女性を救ったかのような発表をしたので、多くの人から追究され、その嘘を認めざるをえなかった（つまりこの時、本部長の接待麻雀事件が起こっていたのである）。

この時佐藤宣行被告は、精神病院の隔離病棟に搬送された。監禁されていた一九歳の女性は、両足の筋力の低下が著しくＰＴＳＤ*も見られるため、母親の付き添いで、長岡市内の国立病院に入院した。後の家宅捜索では、彼の部屋から少女のランドセル、教科書、ノートなどが発見されている。また母親が一九九一年の四月に購入したスタンガンも使用可能な状態で発見され、継続して電気ショックを与えて、部屋から逃げる意思を喪失させていた。この時女性の体重は、四四・一キロまで回復したと発表されているが、九年五ヶ月前の行方不明時には四六キロの体重であったのだから、その頃よりも軽いということは、いかに食事が制限されていたかがわかる。二〇〇〇年五月二三日午後二時三〇分から新潟地方裁判所で、佐藤宣行の初公判が開かれた。一号法廷に現れた被告人は、だいぶはげた頭髪をつるつるに剃り、修行僧のような素足でゴム製のサンダル履きであった。

「被告人は、一九九〇年一一月三日午後五時ころ、新潟県三条市内路上において、徒歩で下校中の被害女児（当時九歳）を認め、同女が未成年者であることを知りながら、同女に対し、所携のナイフを胸部に突きつけ、『おとなしくしろ』などと申し向けて脅迫し、同

*ＰＴＳＤ
↓45ページ。

女を抱きかかえて自己運転の普通乗用車のトランク内に押し込めてその蓋を閉め、同車を運転して柏崎市内の路上に至るや、同所において、粘着テープで同女の両腕両足を緊縛し、同車のトランク内に同女を押し込めるなどし、再び同車を運転して同市内の被告人方に連行し、二階洋間に連れ込んだ上、そのころから二〇〇〇年一月二八日午後二時ころまでの間、同所において、同女に対し、反復して、『この部屋からは出られないぞ』『出ようとしたら怒るぞ』『ここでずっと暮らすんだぞ』『俺の言うことを絶対に守れ』『守らなかったらお前なんかいらなくなる』『山に埋めてやる』『海に浮かべてやる』などとおどし、さらに、ナイフを同女の腹部に突きつけながら、『お前の腹にこれを刺してみるか』などと脅迫し、また、同女の腹部などにスタンガンを押し当てて放電し、同女が被告人方から逃げ出すことを不能にし、もって未成年者である同女を逮捕して略取するとともに、不法から監禁し、右監禁により、同女に治療期間不明の両下肢筋力低下、骨量減少などの障害を負わせたものである」と公判では述べられている。

被告人は、この少女をつかまえて二階の自分の部屋へ連れて行き、セミダブルのベッドの上にのせた。さらに被害者を運動不足、栄養不足にさせて、足腰を弱らせれば脱出を防ぐことができるという考えから、行動をそこに限定した。始めは、母親が夜食用に作った重箱入り弁当を食べさせていたのをコンビニの弁当に切り替えた。その弁当もはじめは一日二個与えていたが、一九九六年ころから一日一個しか与えなくなった。かくて体重は三八キロまで減少した。監禁の発覚を防ぐため、被害者の入浴を許さず、用便も自室内のビニールの中にさせ、衣類は汚染して使用に耐えない状態になるまで着させた。着替えは数ヶ月に一回だけで、下着はショッピングセンターから万引きしたものを与えるなどした。九年二ヶ月の中で自室から出したのは、わずか一回だけである。一九九二年か三年ころ、ベッドから落ちてほこりだらけになったとき、目隠しをさせて一階の浴室へ連れて行き、シャワーを浴びさせている。

佐藤宣行被告は裁判の中で、「二〇歳ころから幻覚があり、ハエ、ゴキブリ、ヘビ、カエル、などが見えた」と述べている。「その度に殺虫剤をかけたら死骸がないので幻覚だった。二六、七歳のころは暗いとき父の姿が浮かび、じっと私を見つめていた。そういうとき部屋の模様がゆがみ、揺れ動いているようだった。人の話し声も聞こえて、私の悪口ばかり…、これらの幻覚や幻聴について、取り調べの刑事や精神科医に話さなかったのは、刑務所へ送られたほうがいいから。今回こうして話す気になったのは、黙っていると気持ちが悪いから。どこまでが夢で、どこまでが現実か、いまでもよくわからない」と述べている。今から考えればきわめて幼稚であること、責任能力を感じていないこと、感情が平板であること、思考が貧困であることから、この幻覚妄想とあいまって、精神分裂病（統合失調症）と診断されてもおかしくない状況でありそのような診断に至らなかったのはいささか問題である。被告人質問の供述の中で、「今日は元気がないけど体調はどうですか」と検察官が聞くと、「具合が悪くて少し吐きそうです。精神的に楽ではなくて、興奮したときには、実在しない人間から、『うんと暴れろ。大きな声で叫べ』と命令する声が聞こえる」と述べているのである。このように、佐藤宣行被告は、精神分裂病（統合失調症）と言ってほぼ間違いないと思われるのであるが、彼の精神鑑定にあたった小田晋医師は、強迫性障害、分裂病型人格障害が明白で、弁識にしたがって行為する能力に若干の影響があったとする。つまり分裂病型人格障害だから責任能力はありとしている。かくて佐藤宣行は、懲役一四年の刑を受け、結審したのである。

佐藤宣行被告は、逮捕された後も、「彼女に会いたい」と述べていたが、やがて被害者の供述調書を読み聞かされて、その真意を知るまでは自分との生活を楽しんでいたと考えていた。「彼女が自分のことを恨んでいたとは思いもよらなかった」と述べるなど、被害者の気持ちを推し量ることのない自己中心的な態度をあらわにした。その上で、略取の対応や、監禁中の暴行の対応、および程度などについて、自己の刑事責任を軽減するような供述をするなど、非常に自己中心的な態度に終始しており、犯行後の感情も悪質である。小田医師の見解によれば、被告人が公判定で供述した幻覚妄想などは、分裂病（統合失調症）など精神病によって生じたものではなく、人格障害に関係する過敏・妄想性が、逮捕以来の拘禁の影響と、被告人が直面する事態の影響を受けて、誇張して訴えられるようになったものであるとしている。同医師の説明するところは、起訴前に作成された精神衛生診断書の事実に照らすと合理的であり、竹村医師の診察当時に、この種の症状が存在した可能性は否定することはできないが、犯行時に幻覚妄想があったとは言い切れず、被告人の公判供述は、とうてい信用することができない。かくて被告人の「奇行」とも言いうる言動は、一見すると奇異で不可解に感じる面はあるが、不潔恐怖症や強迫性障害、あるいは人格障害があることを前提として考察すると、行動には被告人なりの意味づけがあり、しかも、意味づけ自体は、理解可能なものであることが認められる。以上を総合すると、被告人には強迫性障害や人格障害があることが認められるが、その障害により、本件の犯行時に、自己の行為の理非善悪を弁識し、その弁識にしたがって行動する能力が、いちじるしく減退した状態にあったとは認められない。したがって、弁護人の主張は採用することができない。つまり、小田晋氏の考えは、分裂病型人格障害であり、強迫性障害があり、幻覚妄想があるが、犯行時に幻覚妄想があったものではない、ということで責任能力はありと考えているようである。

これまでの記載は、『少女監禁』［佐木、2003］を参考にしたものである。このように佐藤被告の本来孤独な生活であるべきところに、少女拉致監禁によって奇妙な二人だけの生活が九年間も続いたのである。佐藤宣行被告は、幻覚妄想を時々持ったようであり、これは精神分裂病（統合失調症）によるものなのか、一過性のものなのか、非常に判断が難しいところであるが、凶悪犯人のひきこもりタイプの人たちには、このような幻覚妄想はよく見られる。つまり精神分裂病（統合失調症）すれすれのところでありながら、分裂病型人格障害という形で止まっていたと考えられる。

しかし私が注目したいのは、このような凶悪犯罪者が幻聴や妄想を持つ傾向で、この点をどう評価するのかはきわめて難しいが、精神分裂病（統合失調症）に近い状態まで多くの人はいっていると考えてよいものと思われる。佐藤宣行被告のそれまでの精神障害の概要を述べると、まず母親、父親による強烈な過保護によって、他人との接触が非常に苦手となった。そのうちやがて強迫性障害が発生し、それによっていっそう人との接触が困難になってしまった。そのために対等に女性に接するチャンスはほとんどなく、むしろ子ども、小児愛の方に移っていったのである。子どもならば、自分の思うように扱うことができると考えたのであろう。その意味で彼は、昆虫や鳥を飼うような感覚で子どもを拉致監禁したのである。家に九年間おいても、彼には罪悪感はなく、むしろ、「彼女は喜んでいたと思う」と共感性はきわめて低いものであった。彼は現実に幻覚妄想があるほど分裂病(統合失調症)的なものをかなり持っており、そう言ってもよいレベルではないかと思われる。しかし、この少女を拉致監禁した際には明確な判断能力を持っており、その意味では現実判断能力を持っているが、時にその判断能力を失って、精神病的な状態になる人物であると考えられる。鑑定者である小田医師は分裂病型人格障害と位置づけたが、正直なところ、私は、精神分裂病(統合失調症)と言ってもかまわないレベルの人物だと考えている。そして小児愛からこの少女拉致監禁事件を起こした。ここまでになると、反社会性人格障害が当然加わってくる。

ひきこもりの犯罪者は、細かく見ると幻覚や妄想を少なからず持っていることが多いが、このことはすでに述べたバスジャック事件の幻聴、妄想とも呼応するものである。バスジャック犯の少年の場合も、精神分裂病(統合失調症)という診断は見られなかった。これは福島章氏の鑑定結果である。しかし幻聴があってあそこまで妄想があるのに、なぜ精神分裂病（統合失調症）という診断にならなかったのは不思議である。捕まった時点でも福岡を子どもの王国にして自分は王様になる、とすら言っていたのである。

このように鑑定というのは、何を基準に診断するのかが非常に不可解なことが多い。バスジャックの鑑定は、福島氏によれば解離性障害ということであるが、解離性障害とは何を意味するのか、鑑定書を見なければ私には理解することはできない。またバスジャックの少年も強迫性障害を持っていたということは、この新潟の佐藤宣行との類似性が指摘できる。そしてまた幻覚妄想もあったこともきわめて類似した点である。人間が一人でいることはこのようにかなり危険なものであり、人と話をすることによって自分の現実感が保てるのである。一人で生活していると、どうしても現代ではビデオ、パソコン、ゲームなどの非現実的な世界に強く影響され、いよいよ現実感覚が薄くなると、幻覚妄想が生じてくるように思われる。

九年間にわたる少女監禁事件の問題を考えると、佐藤宣行は小さいときから、「ぼくちゃん」と呼ばれて、二〇歳を過ぎてもそのような呼ばれ方をされ異様なほど過保護を受けたこと、おもちゃなどの高いものをありあまるほど与えられていたこと、それでいてこの過保護のために対等に人と対人関係を結ぶ力が伸びず、家に閉じこもることが多くなり、結局母親を奴隷化し、父親を蹴散らす、まさに子どもが家の中心となり権力を握る家庭となったのである。そして先ほど言ったように、消費社会の甘い汁をあり余るほど飲み、自分の将来の目標も曖昧のまま、成長しても対人関係の能力は決して伸びることはなかった。その中で寂しさを埋めるような形で小児性愛に走り、少女を拉致監禁することになるのである。この事件（被告）の特徴は、すでに述べたように、単に小児性愛として拉致監禁したというだけでなく、自分の家で昆虫を飼うかのようにその少女を扱っていたことである。このような側面からも、感情や知性の低下が十分うかがえる、また善悪、罪悪感、といった判断もきわめて希薄であり、自己中心性は実に顕著であった。

ここまでではないとしても、現代社会のどの家庭でも子ども中心の家庭が成立っており、彼らは消費社会を謳歌するようにさまざまな高価なものを容易に手に入れる。消費社会の中心は青少年の購買力である。だが、大人へと成長するためには、感情をコントロールし、我慢をして何らかの行動をするといった努力をしなければ、欲しいものは手に入らないことを学ばなければならない。何もせず、すぐに欲しいものを手に入れてしまうことは、子どもの心の成長を抑えてしまうのである。

5　単独犯罪　宮崎勤の例

宮崎勤はもはや古い事件となるが、単独犯罪としてはきわめて重要な犯罪である。彼の誕生日である八月二一日の翌日、昭和六三（一九八八）年八月二二日、彼は自宅を車で出た後、量販店でビデオテープを買った。帰宅途中、国道一六号線を走っていて、尿意をもよおし、そして幼女の住む団地に車を停めた。そこから犯罪が起こっていくのである。

年が平成に変わり、事件は大きく展開する。被害者A子ちゃんの自宅玄関前に不気味なダンボールが置かれていた。箱の中には、「A（被害者の名前）、遺骨、焼、証明、鑑定」と書かれた紙があった。紙にはインスタント写真が一枚張りついており、ピンク色のショートパンツが写っている。それから骨のようなものも入っていた。警察が重視したのは、残された歯であった。骨からは幼児骨とは判定できるが、誰のものかまでは判定できない。歯からなら治療痕などからかなり限定できる。Aちゃんは近くの歯科医院で歯の治療を受けていた。そこで専門家に鑑定を依頼した。この鑑定人によれば、Aちゃんではないということであった。ところが、ダンボール箱置き去りから五日後、犯人と思われる人物から、朝日新聞社東京本社と被害者の母親宛てに、犯行声明が送られてきたのだ。差出人は、「所沢市　今田勇子」となっていた。手紙は約四、八〇〇字にも及ぶ膨大なものであった。「A（被害者名）宅へ、遺骨入りダンボールを置いたのは、この私です」という書き出しの手紙には、誘拐時、殺害時の具体的状況、それに遺体が腐敗し骨になっていく様子、骨を届ける気持ちになるまでの心境などがこと細かに綴られていた。そして何よりも、手紙にはAちゃんの眠ったような写真が添付されていた。犯人は手紙の分析を待つまでもなく、書いた本人であった。この「今田勇子」は、歯の鑑定からも被害者の特定ができなかったことにいら立ち、業を煮やしたように、文字通り犯行声明を送り続けてきた。

また次の事件が起こった。当時五歳のDちゃんの母親から、「午後五時ごろ、友人の家に行くといって出かけた長女が帰宅しないんです。公園や運河を探しても見つかりません」という一一〇番通報があった。六月六日である。ほどなく埼玉県南東部、飯能市の宮沢湖霊園内の簡易便所の裏側で首と両手、両足が無残にも切り取られた形で見つかったのである。

このような犯行を続けていく中で、宮崎勤は、何ということもない普通の事件で捕まるのである。東京都世田谷区のテニスコートでプレー中の女性の下着を盗み撮りした後、彼は八王子市内でたまたま見つけた六歳の幼女の服を脱がせて写真を撮ろうとした。幼女には姉が一緒にいたため、「妹が連れ去られた」という連絡を受けたその子の父親が駆けつけて取り押さえたのである。それが宮崎勤であった。

この事件は、幼女四人を殺したとされる幼女連続殺人事件であった。その宮崎勤の父親は、「私の息子はそんなことをする人間ではありません」と毅然とした態度で述べた。父親は地元新聞を発行し、PTAの会長まで務める、言わば地域の名士である。「そんなに信じているなら、息子さんの部屋を見せてほしい」と言うと、「ああ、いいでしょう。見てください」ということになって、宮崎の部屋にカメラが持ち込まれた。宮崎事件に関連して、彼の部屋の窓が見えなくなるほど、うずたかく積み上げられたビデオテープの山を思い出された人は多いだろう。警察官もまだ到着していない段階で、いや、到着していなかったからこそ、その撮影は可能になったのだ。この事件を象徴する映像といっていいあのシーンは、そうやって撮られたのである。父親はあの部屋の様子を知っていたのであろうか。他の新聞記者と同行して、息子の部屋に入った時、どういう表情をしていたのかは、今となってはわからない。父親は一九九四年一一月、玉川にかかる橋から飛び込み自殺した。ただこの父親には、そういう凛《りん》としたもの、地元の名士としてのプライドを感じさせる何かがあったはずだ。

宮崎勤は一九六二年八月二一日に宮崎家の長男として生まれた。吸引分娩による出産で未熟児だった。食は細く、すぐ嘔吐する、いわゆる虚弱体質であった。二、三歳前後までは、成長は遅れ気味であったが、以後は遅れを急速に取り戻していったという。ただ彼には障害があった。スプーンのもち方が変で、ちょうだいの動作ができなかったため受診させたところ、骨に異常があることがわかった。担当医からは、「手術しても百人に一人しか成功しない。もし手術するのならば、もっと成長してからの方がいい」と言われた。この手の奇形という障害を、彼は小さいころから思い悩む。彼自身、その手の奇形を非常に気にしていたのだが、父親や母親はそのことを知らず、おじいちゃんだけがよく知っていた。両親の夫婦関係は宮崎勤が中学生のころから崩壊していたという。彼は幼児期から友だちを作ろうとせず、孤独であった。少女を襲った時に、「ネズミ人間が指示をした」ということがあったが、正確には、「黒っぽい何かが揺れている」と彼は述べていたのだが、以前の鑑定人が「ネズミ人間」にしてしまったということである。

小学校のころ、「動物いじめをした」ということを述べているが、それは「手のりブンチョウ、ジュウシマツ、などいつも大事にしている鳥を踏みつぶし、そして土から掘り起こして撫でたりした」という。宮崎勤は中学、高校と成長するにつれ、手の障害のことを、さほど意識しなくても済むようになる。高校は名門の明大中野高校である。彼は男子校を自ら進んで選んだ。そして家庭教師までつけてもらって勉強し、合格した。目標を持って努力し、それが合格という形になって実った。この時が、この家族にとって、表面的には、もっとも幸福だった時期なのかもしれない。しかし勉学への意欲は、一ヶ月で低下する。勉強していても集中力がなくなる。その代り、マンガを集め、ロリコンやプロレスの本に凝り、怪獣のおもちゃを集めだす。高校の後半からは、いよいよビデオの収集に走り始めるのだった。高校を卒業後、宮崎は、東京工芸短期大学画像技術科に入学する。そして卒業。叔父の紹介で、東京小平市の印刷会社に勤めだす。しかし仕事振りは熱心でなく、というよりも、まったく集中力を欠く態度であったので、会社側が愛想をつかしたという感じだった。神奈川県内の営業部に転勤命令が出たのを機会に退職。以後、自宅の工場で働くことになる。そこには猛然とビデオ収集に没頭する日々が待っていた。

宮崎勤にとって、おじいさんと精神発達遅滞のもう一人の人物が、宮崎勤を守ってくれる重要な役割を持っていた。しかしこの二人が、彼の視野から消えていった時、宮崎勤の精神は突然変調をきたすのである。その祖父は一九八八年五月、散歩中に脳卒中で倒れた。入院するが、一週間も経たないうちに、祖父は亡くなってしまう。その祖父が昏睡状態になったとき、宮崎勤は、「わぁーっ」と激しい情緒混乱に陥って、「どうしようか、どうしようか」と、その日はおろおろしていたが、翌日になったら、「気がついたら、ころっと感情を失ってしまった」と述べている。その直後から宮崎勤は、家族に対して凶暴になる。工場の中に生きている鳥を持ち込み、皆の見ている前で羽をむしり、焼いて犬に食べさせたこともあった。そして祖父が死に、宮崎勤は祖父の遺体に近づいて、父親が、「勤、何をするんだ」と言っても、「黙っていろ」と彼は答え、鞄からテープレコーダーを取りだし、遺体の耳に当てた。テープには、「ワン、……ウー、ワン」という犬の鳴き声が録音されていた。「おじいさんは眠っているようなので、目を覚まそうと思ってペスの声を聞かせてあげているんだ」と宮崎は言った。火葬場では、床に落ちた祖父の骨を家に持ち帰って食べた。また「勤」とか「リンチ」とかいう言葉を伝えてくる特定不能の迫害集団の幻覚が出現するのも、その時からである。

祖父の死後も異常行動が記載されているが、まず第一に「形見分け」が二週間ほど経って行われたが、その時に宮崎勤が突然入ってきて、「みんな出ていけ。これはおじいさんの物だ」と怒鳴った。また近所で犬や猫を車でひき殺した。また宮崎は自慢の息子であったが、この祖父の死からちょっとしたことで暴力をふるうようになった。父親の髪の毛を掴んで車のドアに何回か頭を打ち当てたのである。父親はこの頭部の打撲が原因で、入院することになる。宮崎勤の精神障害には、「被害関係妄想*」「家族否認*」「ネクロフィリア（死体愛好症）」「病的動物虐待」などが挙げられている。

さらに宮崎は「もう一人の自分」という言い方をしているが、その「もう一人の自分」

被害関係妄想
実際には自分と関係のない偶然の出来事を自分と関係づけて考える妄想のことで、その妄想が被害的内容であるもの。たとえば、周囲で人が話をしているのを自分の悪口を言っていると考えるような場合。精神分裂病（統合失調症）などの症状として認められる。

家族否認
自分の家族を本当の家族ではないと思いこむ思考障害。

についての追究を見てみる。

〈もう一人の自分って、大きさはどのくらい〉
小ぢんまり。九割くらい。
〈見ている自分の大きさは、その時どのくらい〉
そいつより大きい。
〈宮崎君の前の方に見えるの〉
ほとんどどそう。
〈前方どのくらいの距離のところに見えるの〉
一メートルくらい。
〈もう一人の自分は、全身が見えるの〉
うん。
〈どんな姿をしているの〉
後ろ姿。
〈殆ど後ろ姿〉
うん。殆どそう。
〈後ろ姿以外には、どんな姿で見えるの〉
斜めの姿。

〈横の姿はどう〉

まず殆どない。

〈まず殆どないっていうと、見えることもあるわけ〉

全然ない。

〈後ろ姿、斜めの姿というと、それなりに立体感はあるわけね〉

うん。

〈真正面にむかっている姿は見たことはある〉

下向きながら見えたかもしれない。

〈もう一人の自分は透明で、その後ろも見えるの〉

向こうは見えにくい。

〈洋服の色など見えるの〉

うん。

〈その時々に着ている洋服の色ですか〉

わかんない。比較したことない。私の服と同じ。

〈もう一人の自分は本当にいる感じなの〉

九割だから奇妙。私の姿をした不思議な奴。

〈あくまで幻だという感じ〉

どういうわけか出て来る。私はどっきんどっきんしているのに出てくる。

〈瞬間的に、ぱーって出てくるの〉

うん。

〈初めて見た時はどんな感じでした〉

びっくりした。

〈そのうちにどうなったの〉

赤の他人でないから減って来た。

〈もう一人の自分は宮崎君と同じですか〉

うん。

〈ありありと見えるの〉

はっきり、くっきりではない。

〈もう一人の自分の行動をとめようとしたことはないの。そんな変なことをやらないようにとか……〉

そいつは、どっきんどっきんがない感じ。どうして平気でやれるのか、ただ不思議。

〈見ている自分は、どんな気持ちでいるの〉

ともかく、どっきんどっきんしながら不思議がっている。

〈もう一人の自分は大量万引きしたり、肉物体に触ったり、改造人間の手術などしているわけですよね〉

うん。のそりのそりやってくる。

〈自分の心がもう一人の自分に移って行く感じは、どうですか〉

自分は薄ぼんやりになる。

〈というと、ますます自分の実感がなくなるというわけですね〉

うん。

〈心が移って行く感じって、どんな感じですが〉

薄ぼんやりだからとられたかも知れない。私の姿でない奴だったら、とられたかもしれないけど……。

〈もう一人の自分が宮崎君に話しかけたり働きかけたりは〉

ない。のそりのそりやっている。


というように、彼独特の言葉でもう一人の自分を説明している。

このような記載はきわめて珍しいものであり、幻覚に近いものではある。しかし多重人格とは言いがたい。多重人格になれば、二人が相まみれるような形になって現れることはない。多重人格の場合、交代人格が外に出たときには、主人格は頭の中で見えないような形で休んでいることが多いので、両者がかち合うことはないからである。鑑定書には、祖父死亡後において精神障害を疑わせる症状が記されている。まず第一に、祖父再生と、真の両親への願望妄想、もらい子妄想、祖父の幻視と幻聴、黒い影の幻視、被害関係妄想と幻聴、収集強迫、遁走、家族否認、人格変換、である。他にも幻視が現れるのは、火葬場の後である。位牌は、実際よりも小さく見えるもので、約九割くらいの大きさだという。

〈はじめて出てきた時、どんな感じでしたか〉

いきなりだから驚いた。やや、あれーっと驚いた。

〈はじめて出てから、ずっと出てくるの〉

それ以降ずっと。

宮崎にとっておじいさんは、死んだのか、生きているのかわからないから、「甦る」と言っている。またそのおじいさんは、「話かけてくる」とも言っている。またおじいさんのお墓を何回か開けて、そして「骨を食べるつもりだった」とも述べている。実際彼は、二割か三割の骨を食べている。

宮崎勤のビデオの収集癖は、きわめて大量であり、五、七九三本である。宮崎は、自分がいつのまにか別の場所にいることを「瞬間移動」と呼んでいる。このような異常体験から、宮崎勤を多重人格と判断した人がいるが、すでに述べたように、交代人格を出して、それが認められれば多重人格なのであり、要は交代人格を出せば多重人格なのである。しかしながら鑑定人たちは、この交代人格を出そうとする試みを行っていない。また出す方法を知らないのかもしれない。私の場合には、多重人格の人の交代人格を出す時に、目をだいたい隠して、そして頭の中に呼びかけるのである。例えば、多重人格の名前がエリだったら、「エリさん、出てちょうだい」と何回かゆっくり言っているうちに、そのエリという人格が出てくる。その時には、目がくるくるっと動き、体全体が前へ倒れるような形になる。そして出て、「こんにちは」と挨拶をするのである。これで多重人格であることが明白になるのである。この場合も、宮崎勤の交代人格を出せば、多重人格であることははっきりするのであるが、それを行っていないことは、いささか残念なことである。そして私は、今までの記載では、宮崎勤がとても多重人格であるとは思えるものではない。

第一番目の宮崎の事件について述べてみよう。被告人は、尿意をもよおして昭和六三年八月二二日午後三時過ぎごろ、埼玉県入間市の団地北側の駐車場に車を駐車し、雑木林の中で立小便をした後、駐車場に戻ろうとして歩いていた際に、歩道橋を一人で上りかけている幼女を見とめた。被告人は、日頃、幼女の裸体、性器などの写真を撮影するなどして、自己の性欲を満足させた。かねてから他の思惑を気にせずに思うままに女性の性器を見たり、触ったりしたいという欲望を抱いていたところ、この幼女を見とめた際、同女の周囲に通行人などの影はなく、同女が一人だけでいたことから、同女をその場から誘拐して、欲望を遂げようと決意したのである。そこで被告人は、夏の暑い日中、一人で歩いていた同女に、「涼しいところに連れていってやる」と嘘を言って、同女を車内に誘いこもうと考え、前記歩道橋を反対側の階段から上り、歩道橋の上で同女に近づくや同女の面前に腰を屈め、笑顔で、「お嬢ちゃん」と声をかけ、さらに「涼しいところに行かないかい」と話しかけ、同女についてくるように促して、歩道橋を下り、同女を駐車場に駐車した被告人の車のところまで誘導し、車の助手席のドアを開け、同女に「こっちから」「涼しいよ」と車に乗りこむように促して、同女を助手席に乗車させた。被告人は直ちに運転席に乗り込み、ドアをロックして車を発進させ、東京都八王子市に入ったが、その途中、誘拐してきた幼女を解放すれば犯行の発覚は必至であることから、この上は同女を人目のない場所に誘い込んで殺害する他ない気持ちを抱き始め、同日夕刻、同市上川町の東京電力株式会社新多摩変電所先空き地に至った。尚、被告人は走行中車内のクーラーとラジオをつけ、同女にラジオの選曲ボタンを指差しながら、「ボタンに触ってもいいよ」などと話して選曲ボタンを押して遊ばせたり、あるいは「寝ててもいいんだよ。お昼寝するんでしょ」などと話し、同女が不安を抱くことがないように努めた。と記されている。同女を殺そうとして一緒に歩いて行き、山林に入っていったところ幼女が泣き始めた瞬間に、ずっと宮崎が感じていた甘い気分は吹き飛んでしまう。幼女に裏切られた感じがした。そしてネズミ人間が出現する。この時彼は幼女を殺害する。

この「ネズミ人間」についてもっと細かく聞くと、彼はこのように説明した。

裏切られておっかなくなって出てきた。

〈泣いた瞬間に出てきたの〉

短い間に。

〈ネズミ人間が出ていた時間は、どのくらいでした〉

短い時間。短くて、短くて。

〈その子の首を絞めたという記憶はありますか〉

生まれてから、そういうことはない。

〈可能性として、憎しみのあまりやってしまったということはありえますか〉

わーっとなって、やっちゃったかもしれない。わかんない。

〈わーっとなってやっちゃった可能性あるわけね〉

憎くなっても手に力がないから、何がどうなるのか分からない。


「……よく人を平気で裏切る人は二度三度裏切るといわれているが、その子がまたネズミ人間を裏切ったので、ネズミ人間にやられて倒された。呼び寄せた人間が倒れたので、ネズミ人間が一時的に消えた。偶然私が助かった。（中略）どうしてネズミ人間がその子をやったのか、心臓を足で突いたのか、手で殴ったのか、不思議な力で倒したのかよくわかんないけど……」

宮崎勤は一貫して、自分は被害者だという言い方である。やったのは「ネズミ人間」だ、という。その不気味なネズミ人間とは、彼に言わせればこんな様態らしい。

「長い髭を生やした顔は大人よりも大きく、身長もヌーッとして大人よりも大きい。手と足は人間と同じだが灰色をしている。何も喋ることなしにいきなり襲ってくる。十人くらいで取り囲むように出てくる。呼び寄せる子供が呼び出すと、どこからともなく出てきて襲ってくる……」

宮崎勤は、こうして少女の死体の性器を見たり、触ったりしたいという欲望に駆られると共に、同女の性器をビデオテープに撮影して手元に残そうと考えた。

鑑定人の一部には、この「ネズミ人間」を多重人格の一人、つまり交代人格としている。しかし、ここでもネズミ人間は宮崎勤と同時に現れるのであり、多重人格の人たちでは主人格と交代人格が同時に存在することはない。しかも交代人格が動物であることはほとんどなく、また、多くは名前を持っている。そのことを考えると、「ネズミ人間」を交代人格の一人とすることは難しい。少女殺害後、彼はまず遺体を卓袱《ちゃぶ》台の上に置いてビデオで撮影する。そしてそのまま放置する。異臭がしてきたので、宮崎は遺体を捨てるために鋸で頭部、両手、両脇とバラバラに切断し、ビニール袋に入れた。この作業のことを彼は、改造人間の改造手術と呼んでいた。手と足は裏庭で焼いた後、手は部屋に持ち帰り醤油をかけて食べ、ビニール袋に残っていた血を飲んだ。藁人形を作り本棚にテープを置いて「儀式」をし、遺体の胴体部分は夜中に宮沢湖霊園にまで行って簡易便所の裏に捨て、焼いた頭と手足の残りは近くの御嶽山の杉林に捨てた。

宮崎勤事件は、確かに「小児性愛による殺人」と単純に言い切ることはできない。おじいちゃんの幻視、幻聴、「ネズミ人間」の幻視、幻聴、存在感の奇妙な表現、などをみると、明らかに精神病的なものが混入していると私は考えている。当然、多重人格説を、私は考えない。このように単独犯罪の宮崎は、単に小児愛として連続して少女を殺したばかりでなく、その体験の中には病的な、あるいは精神病的なものがたくさん散らばっているのである。やはり一人でひきこもっていること自体、精神病的なものがいつでも混入するものであり、時には幻視、幻聴もあると考えられる。したがって彼を精神分裂病（統合失調症）と考える人がいてもおかしくはない。また人格障害説が裁判長によって取り上げられているが、単純な人格障害という解釈もまたこの場合は難しいと考えられる。人格障害という観点からどのようにこの幻視体験、幻聴体験を説明するのであろうか。したがって、私は一部精神病的体験をともなう小児性欲であり、そして死体愛、さらに独特の精神病的体験があると考えている。

やはり一人でひきこもっていた場合には、精神病的な体験や、非現実的な体験は、多かれ少なかれ見られるものであり、特に殺人事件の場合には、このような異常体験はきわめて多いものである。また、単なる人格障害では診断価値はない。

重要なことは、単独犯罪では、それが特にひきこもっている場合には、多くの精神病体験が混入してるということである。

引用・参考文献

町沢静夫　2000　『佐賀バスジャック事件の警告』マガジンハウス

町沢静夫　2003　『ひきこもる若者たち』大和書房

小田　晋　2002　『少年と犯罪』青土社

佐木隆三　2003　『少女監禁』青春出版社

高橋三郎ほか　2000　『ＤＳＭ-Ⅳ-ＴＲ』医学書院

瀧野隆浩　1997　『宮崎勤精神鑑定書　「多重人格説」を検証する』講談社

第6章　性犯罪と集団犯罪

1　性犯罪の深刻化

二〇〇五年三月二三日の読売新聞朝刊では、性犯罪の深刻化が報告されている。各地で相次ぐ子どもへの性暴力、前歴者による再犯、昨年の被害、強姦や強制わいせつは、一〇年前の二倍の約一万一、五〇〇件となっている。特に強制わいせつは二〇〇〇年頃から急速に増え、今やピークを迎えたグラフになっている。強姦も静かに増加している。

同年、二月一五日に仙台地裁で、性犯罪を行った被告の男（二九歳）は、弁護士から、「もし捕まらなかったら」と尋ねられ、彼は、「奈良の犯人のようになっていたかもしれません」と小声で答えていたという。

二〇〇四年一一月、奈良市小学一年の女児七歳が、小林薫被告に誘拐され、殺害された事件があった。男には小学校三年のとき、幼い女の子の体を触ったとして補導された前歴があった。二〇〇三年七月には、わいせつ目的で女児（一〇歳）の首を絞めたとして逮捕され、二〇件近い余罪が発覚し、執行猶予つきの判決を受けた。そして三ヶ月後の二〇〇四年一月、自宅近くで女児の後をつけ、女児が自分で鍵を開けて家に入ると、「休ませて」とあがり込んだ。始めの五分間だけで戻ろうかと迷ったが、女児を膝の上に座らせた。

二〇〇四年八月の逮捕まで、未遂を含め六歳から一〇歳の女児を相手に六件の犯行を重ねた。彼は二九歳である。「自分には力がない、支配したいんだと思います。」法廷でそう答えた男は、「なぜ歯止めがかからないのか」と問われて振りかえった。「(過去の犯行の場面が)頭に浮かぶことがある。そうなると現実を離れてしまう」と答えている。女児の腹を蹴って、車で拉致し、山中で乱暴する。一〇〇円ショップの簡易トイレに幼い姉妹を連れ込んでケガを負わせる、などの記憶が引き金となっていた。

二〇〇五年一月、強姦致傷罪などで懲役一〇年の実刑判決を受けた愛知県内の男(四〇歳)は知人の少年(一八歳)と二〇〇四年三月からの一ヶ月間で九歳から一三歳の女児五人を襲った。「一〇年近く前に妻と離婚して以来、女性と交際できなかった。親類の子どもの体を触ったこともあったが、物足りなかった。あのビデオ通りのことをやってみたかった」逮捕後、男が供述した。数年前、同僚から見せられた録画ビデオには、小学生の女の子が性的暴力を受ける場面が写っていた。男は同僚から、「これはおれが撮ったんだ」と説明されたという。「あのシーンが頭から離れない。」男は取締官にそう打ち明けた。新聞はさらに続けて、「子どもをねらう性犯罪者はそれ自体が犯罪であることすら、十分認識をできていない場合が多い。妄想を繰り返して、現実との区別がつかなくなる。一度でも犯行で快楽を感じると、忘れられなくなる」と、伝えている。

二〇〇四年三月、群馬県高崎市の小学校一年生の女児（七歳）が殺害された事件で、公判中の野木巨之被告（二七歳）は、精巧な少女の人形と共に、ロリコンものといわれるわいせつゲームを欲求のはけ口にしていた。勤務先の工場で同僚からそのことを馬鹿にされたのをきっかけに、それだけでは満足できなくなった。犯行の約一ヶ月前、少女なら自分を受け入れてくれる、子どもと性行為がしたいという妄想にとりつかれた。女児を自室に引きずりこんだとき、男はすでに殺害を決意していた。このように冒頭陳述で検察側はそう指摘した。

奈良事件の小林被告は携帯電話に大量の児童ポルノの画像をため込んでいた。氾濫《はんらん》する児童ポルノと小児性犯罪との因果関係について、児童ポルノの販売や陳列を禁じる「児童売春・児童ポルノ禁止法」は一九九九年一一月に施行されたが、米、英、独、にある単純所持の禁止規定は未だに整備されていない。確かに我々の日常のニュースの中でも、実に小児性愛と殺害が結びついた事件は頻繁に起きているという印象を持つ。

一連の事件には、子どもをねらう支配欲というものは確かにあるだろうが、それプラス小児性愛があると言わなければならないだろう。自分の性欲を、子ども相手ならば自由に駆使することができ、人形のように支配することができる、ということが小児性愛の基本的な流れなのである。本来、犯罪というものは、あるいは殺害にしても、自分の思うように支配したい、という欲求を持つ人が犯しやすいものである。犯罪者の性格を調べても、この支配欲はいつも取り上げられる。大きな子どもに性愛を感じたとしても、それを支配することはできない。言葉で批判され、体力的にも拒否されるということになれば、彼らがねらうのは、幼年期の子どもということになる。要するに、対等な愛情関係や性愛というものが維持しにくい人たちは、このような子どもをねらうことになるのだと考えられるし、また何らかの成長過程の中で子どもへの性欲に固執してしまう事情があったものと考えられる。すでに述べたように強制わいせつが二〇〇〇年前後から急速に伸びているのは、このような支配したい性欲というものが急速に強くなって、それに応じるポルノ映画やビデオが普及したことが大きな原因とも考えられる。確かに、彼らが思うように支配できる領域はきわめて少ない。会社では若いだけに、彼らは言われるままに動くしかない。したがって、自分の唯我独尊の世界はなく、その不満が子どもに向かったものと考えられる。

青少年犯罪は、特に単独犯罪の場合には、小学生をねらったり、中学生をねらう、ロリコン犯罪が非常に多い。援助交際も元はといえば、大人が少女のセックスを買うものであり、ロリコン犯罪である。青少年を中心としてロリコン犯罪がきわめて多くなっている原因は何であろうか。

ある犯罪者は、「大人の女性は不潔で嫌だ。小さい子どもの方がきれいで、かわいくて、清潔である」と述べていたことがあったが、そのようなことがロリコンに向かう一つの原因とも思われる。つまり、「よりきれい」という強迫的な傾向がまずあるであろう。さらに、昨今は、女性の方がきわめて力をつけ、学力でも、体力でも、発言力においても大きいものがある。それに比べると男性は、自己主張ができず、ひきこもりやすい——ひきこもりはとうとう八〇万人に至っているがその80％は男性だという。

男性が社会に出ていき、女性が家庭を守るかつてのスタイルから、女性がどんどん社会に出ていき、男性は身を引いて家にひきこもろうとする傾向がある。かくて男性は未成熟となり、女性は成熟をし、男性は自分と同じ年の女性には恐怖感を感じて怯えてしまう傾向が見られているのである。ロリコン犯罪、つまり小児愛は、性犯罪のほとんどと言ってもいい。すでに記述した新潟柏崎市の佐藤宣行は、まさにこの小児愛の本質をついた発言もしている。宮崎勤の事件も顕著な小児愛の事件である。また昨今、小学生を学校の帰りに襲ったり、誘拐したりする犯人も、当然小児愛の男性なのである。

2　性犯罪の事例

二一歳、男性。無職。

A市路上において、T運転の自転車後部に乗って走行中のB（当時一八歳）に対し、その背部を所携の金槌で一回殴打し、よって、同女に安静加療約七日間を要する背部打撲などの障害を負わせ、その二ヶ月後、同市内路上において、下校中のC（当時七歳）を認めるや、劣情を催し、同女が一三歳未満であることを知りながら、同女にわいせつ行為をしようと企て、同町路上において、同女に対し、「ちょっと来て」と申し向けて、同女を同番地所在の殉国碑北側に連行し、そのころ同所において、Cに対し、「ちょっと服脱いでくれるかな。ちょっと体を調べる」などと申し向け、同女の下半身を裸にし、手指などで同女の陰部を弄び、さらに、同女に対し、「おしっこ飲むから、おしっこくれる」などと申し向け、同女に放尿させ、尿を手掌で受けて飲むなどし、もって、一三歳未満の婦女に対してわいせつな行為をなし、同日午後三時ころ、前記殉国碑北側において、殺意をもって、前記のCの頚部を両手で締め付け、さらに、所携のタオルを頚部に巻き付けて締めるなどし、そのころ、同所において、同女を窒息により死亡させて殺害し、同月八日午前二時三〇分ころ、前記殺害したCの死体を前記殉国碑北側から同市所在の被告人自室に一輪車を用いるなどして運び込み、同室出入口に施錠してこれを隠匿し、さらに、翌九日午前四時ころ、同死体を被告人自室から同市内の公園内に前同様の方法で運搬して置き去りにし、死体を遺棄したものである［小田、2002］。

この被告の性生活については次のようなことがわかっている。

鑑定問診時の被告人の供述によると、一二歳ごろから自慰行為を始めたという。ほとんど映像に刺激されてであるが、『BON』、『熱烈投稿』などの雑誌も愛読していたという。そして一八歳ごろからアダルトビデオを見はじめ、「ダビングして一〇本……六本……」と数は定まらないが、持っていたという。特に女の子に悪戯したり、女子中学生を犯す空想については「ないと思う」と述べたり、「あると思う」と述べたり定まらない。同年代の女性に「興味はある……」が交際したことは「ないと思う。家にいたから」という。また「同年代は遠くへ行ってしまって、自分の範囲が小さくなってしまう。自分の視野が小さくなって……」と述べている。また母には「大人の女は嫌いだ」と成人女性への嫌悪を表明する発言をしているが、鑑定問診時の被告の供述によると、「水色のイメージの」テレビ・キャスターに「毎日魅せられて」テレビの画面に射精したことがあるという。また丸めた毛布を布団の横において、「(『スッピン』という雑誌の白い水着の女の人の)写真が気持ちの中に入ってきて」角材で殴ると毛布が痛がるという想像をして気持ちがよくなると述べている。また事件一ヶ月前には、夜間小学校の女子トイレに「コンドームを使ってみようと思って」忍び込んだという。

この種の雑誌が、性的な空想を培養したことは、この事例のみで認められるわけではないが、投稿写真雑誌が性犯罪の契機となったことを否定することはできないだろう。

鑑定の際の身体所見では軽度の肝障害が認められた。梅毒の感染所見は認められず、脳波および画像診断の所見は正常範囲であった。

事件前の心理状態をまとめると、中学校一年から始まった不登校が中学二年生から本格的なものになり、ほとんど外出せずに家で過ごし、家の者とさえほとんど話をしないという極端な自閉生活になっていた。これにともない、コンピューターやエロティックな雑誌やビデオに耽溺する生活となり、激しい家庭内暴力や異常な性的関心や空想が生じていた。同年四月一日の家庭内暴力は、きわめて強い親との依存攻撃的な葛藤が強くなっていたことを示している。これに対し、親の対応はコンピューターやエロティックな雑誌、ビデオを被告の望むままに与えるのみであり、これが依存攻撃的心性や歪んだ性的衝動を助長した可能性がある。四月一日の家庭内暴力を契機に精神病院に入院しているが、わずか一日で退院となっており、精神医学的な対応が十分なされたとは言いがたい。

被害者Bに対する障害事件当日の心理状態について述べてみよう。

この日被告は夕方から外出して、女子中学生を物色して自転車で走り回っており、その時に行き会った女子高校生に上述の暴行を働いたということらしい。検面調査によれば、その物色の目的は「女子中学生を見つけたら、抱きつくか、人通りのない田んぼなどのところでナイフで脅したり、金槌で殴って抵抗できないようにして無理矢理犯す」ことであったという。そのために出かける際に、登山ナイフと金槌を携行していった。Bの二人乗りしている自転車とすれちがった後Uターンして自転車で後ろから追いかけ、追いついたところでスピードを落とし、左背部から後ろに乗っていたBの背中を金槌で殴打した。被告は殴打してから、すぐに自転車のスピードを上げて逃走しており、Bの乗っていた自転車を運転していた男に追いかけられたが、逃げきっている。殴打した理由については、検面調書では、「女の子の背中を殴ったのは、女の子の背中を殴れば、女の子が痛がるので、私としてはモヤモヤしたものがなくなるから」だという。殴って、自転車から落として女性に性行為を強要したい気持ちもあったと証言しており、わいせつ行為の手段として殴った面も一部にはあるようだが、一方で殴ったこと自体が「心に気持ちよかった」との証言もしており、性衝動が直接的に攻撃的な心理と結びついていると思われる。この事件に関して、目立った記憶の欠損はなく、意識障害が関与した可能性はない。また幻覚や妄想、作為体験などの病的体験の関与の可能性もない。この被告の犯行は、被告の異常性愛に基づいてなされた可能性が高いと考えられる。

被害者Cに対しての強制わいせつ、殺害、死体遺棄事件の心理状態はどうであろうか。上記の障害事件の後も、ふだん自閉生活のなかで、家庭内暴力、異常な性的関心や行動が継続していた。母親に対して激しい暴力をふるい、それがもとで警察に付き添われD精神病院に入院したが、一日で退院し、再びもとの生活に戻っていた。この入退院後、外来通院や服薬を申し渡されていたが守らなかったため、全く精神状態の改善は見られず、むしろ親との葛藤が強まり、よけいに焦燥感や衝動が強まっていたようである。

Cに対する事件が起きた当時は、被告はふだんと違い、午前中から外出している。その理由を「中学校が見に行きたくて」と述べている。出かけるときには巾着袋の中にナイフと化粧品を持っていた。化粧品は「自分で顔につけるため」に持っていたという。また、いったん家を出た後、学習塾のところまで来たときに、「女子中学生を犯すことを思いついた」ために、「人をしばる」ためのタオルを取りに帰っている。そして再度家を出発した後、まずE小学校のほうに行った。小学校で「小学生が授業をして」いる様子を見て、「ほっとした」という。「ほっとした」理由は、「小学生がたくさんいたので」、「外にはおばさんとかがいたので、そして、小学生を見てほっとしました」と述べている。その後、公園に行って、「女子中学生が帰ってきたら、公園の中に連れ込んで、犯したいなと思って」公園にいたが、「帰ってくる様子がなかった」という。その後しばらく「その辺りをうろうろして」、「一二時になる前に家に帰」ったという。家で、昼食にラーメンを食べ、『笑っていいとも』というテレビ番組を見た。それから一二時五〇分ころにテレビのスイッチを切って、再び家を出ている。

自転車でもう一度E小学校へ行って、小学校から「小学生が外に出てくるのを待」ったという（公判記録）。この時には女子中学生を犯すという気持ちはなく、小学生の姿を見に行ったのだという。校門の前にいる時に、被告は女子小学生Fが歩いている姿を見つけている。そしてFが学校の帰りに近くの文房具店に寄ったのを見て、店の外で彼女が出てくるのを待っていた。Fが店から出て歩きはじめたところで、被告は自転車を停めて声をかけ、「これをあげる」といって、「ポケットにあった二三〇円」を彼女にあげている。不思議そうな目で見られたが、お金をつかませたという。被告はFを見たとき、「足がかわいくて、服もかわいかった」、「見たときは足を触りたいな」と思ったという。いったんはお金を渡しただけでFを行かせてしまったが、自転車でFを追い越し、道路の真ん中に自転車を置いて、歩いてくるFにもう一度声を掛けた。そして、被告はFの「背中を触ったり、おなかを触った」り、「顔をつけ、胸の辺りに近づけた」りした。それから被告はFの手を引っ張って、公園に連れていこうとしたが、「遠いと思って」引き返した。その際に、家に帰りたがるFに被告は「公園に行こう」と言ったが、Fは「いやな顔」をしたという。被告はさらに強くFの手を握って、公園に行こうという意志を伝え、少し歩いた。

公園の途中の道路で、被告はFにキスをしようとしたが嫌がられ、結局Fを家に帰してしまった。その際、あきらめの気持ちになる一方で、「もやもやした」気持ちが残ったという。

その後、自転車で付近を「うろうろして」、Y神社のある道のところで、「女の子に声をかけたいと思い」小学生が帰って来るのを待っていた。そして、昼三時すぎに学校帰りのCが歩いている姿を目撃した。被告は自転車を神社の所に停めて、Cの進行方向の先で待ち受けた。そして、傘をさしたCが、自転車の所に来たとき、「ちょっと来て」というような内容の声をかけ同時に手をつかみ、神社の中に引っ張っていった。神社の石碑の所まで来たとき、被告はCに「服を脱いでくれる?」と言ったところ、Cは「どうするの」と聞いてきたので、「体を調べる」と答えたという。すると、Cは「不思議そうにというか何か慌てるように、脱ぎ始め」たという。被告が言うには、Cは服を脱ぐのにあまり抵抗を示さず、ある程度自分で服を脱ぎ、自分は「脱ぐのを手伝った」としている。被告の手記では、「素直すぎる彼女に『イタズラするのって、こんなこと?』と心の中が楽しくなった」という。結局、下半身に身につけていたジャンパースカート、ブルマー、パンツを脱がせ、上半身は脱がせなかったという。そして、被告はCの体、特に性器を手で触れたり、舐めたりしたという。その後、被告はCに、「オシッコ飲むから、オシッコくれる(手記)」と言ったところ、Cは「素直に『パンツ、濡れちゃうから脱ぐ』って膝まで下ろしてあったパンティーとブルマーを全部脱いでくれて、僕も手伝った(手記)」という。

被告がCの股間部に手を差し伸べると、Cはそこに「立ったまましょっと足を開けて、オシッコをした（手記）」という。被告は、その尿を飲んだが、途中で吐き気がして半分は飲まずに地面にこぼしたという。Cは「帰りたい」、「四時からピアノの練習をしなくちゃ」と何度か述べ、帰りたがった。このとき被告は「Cちゃんの目をじっと見て、『だめだっ』て心の中で強く、思って首を左右に振った（手記）」という。その後、Cが「服を着たい」、「パンツはいていい？」と言ったので、被告は手伝って、服を着せた。服を着せがてら、さらにCは帰りたがり、これに対して被告は「どうしようかなあと迷」いながらも、Cを帰したくないと強く思ったという。このときの気持ちは、手記では、「僕は、Cちゃんを家に帰したらという想像をした。Cちゃんを帰したら一人っきりになると虚しい感じがした。Cちゃんを家に帰したくない気持ちでいっぱいだったけど、違う少女にイタズラをすれば、いいじゃないかって楽天的に思ったりもした」と書いている。ここで、被告はCちゃんに「ちょっと待ってね」と言って、神社外に停めてあった自転車に戻り、そのカゴに入れていた雨で濡れたタオルを取ってきたという。「あと何分？　ピアノの練習……（手記）」と帰りたい様子をみせるCに対して、被告はその髪の毛や首筋を触っていたという。手記や問診によれば、この時に殺意を固めて、「首をしめたくなった（手記）」としている。そして、被告はCの首に両手をもっていって、思いっきり首をしめた。「Cちゃんは『痛い』って、声を出した。僕はその言葉を聞かず、首を絞めるのをやめなかった。Cちゃんの身体は地面にねそべり、Cちゃんの胴体は宙にのけぞった。Cちゃんの表情はとても苦しそうだった。そして顔が赤くなっていき、眼は僕を見ていた。首を絞めている間に僕はCが天国で幸せになっているという予感がした。Cは天国で幸せだってCの首を絞めている間に脳で予感した」という。被告はここで、いったん首を絞める手を休めたという。その際Cの「体内から〝グオォー〟という地獄のような叫び声が出てきた」ので、さらに強く首を絞めたという。その後も「また生き返るとかわいそうなので、完全に死ぬまで絞めようと思い」、もってきたタオルを首に巻き付けて、地面に垂らしたタオルの右端を右足で踏み、反対側の端を両手で引っ張り上げるように絞めたという。さらに、その後、タオルの上からもう一度首を絞めたという。絞殺後、Cのランドセルを見て、「C」という名前を知ったという。被告は、Cの死体から、すべての服と靴下を脱がせ裸にして、性器や顔や足や体をしばらく触ったという。その後、「これから何をしていいのかわからず」、自転車で神社の周りを三回廻った。それから、Cの持物のみを家に持ち帰ろうと考え、ランドセルや衣服や靴を手に持ち、死体は黒い傘で目立たないように隠して、その場を離れ、家に向かった。家に着いたのは、午後四時（検面調書、手記では五時）であったという。

本件は再鑑定であり、前鑑定では「分裂病型人格障害*」と診断され、責任能力について疑問が残ったので再鑑定になったのである。

これが性犯罪、特に小児愛という異常性愛の障害である。このような一例を見ても、性犯罪の場合には、特に幻覚妄想というものは見られないことが多い。それほどに性衝動そのものに真っ直ぐしたがって犯罪を起こすので、そこには単純で素朴な欲望があり、精神

分裂病質人格障害
↓159ページ。

的な屈折、ないし妄想幻覚はないことが多いのではないだろうか。特に幼児性愛の場合には、その傾向が強いように思われる。幼児性欲、ないし性欲一般の犯罪は、性欲に欲望が限局されて、広がらないので、幻覚や妄想といった非現実的な世界にいくことが比較的少ないものと考えられる。宮崎勤の場合には、多くの幻覚が見られ、また幼児性欲のみならず、きわめて複雑な欲望も見られた。

3　集団犯罪

戦後、自由が急速に広がり、戦前とはまったく比べられないほどのレベルになった。そのことは誰でもが知っていることである。しかも第一章で述べた消費社会、情報社会が、その自由を一層また広げているのである。自由を謳歌し、自由をはみ出るほど駆使する若者と、自由に怯え、家から出ず、人と接しようとしない萎縮した自由しか駆使できない若者とが、両極端に分かれている。

当然多くの若者は、妥当な自由とその裏にある責任を持ちながら生きているのであるが、しかしこの極端なひらきは戦前の比ではないことは事実である。あり余る自由を駆使して人に被害を与えるのは、非行、性犯罪、インターネット出会い系サイト、少年犯罪、暴走行為、といったような行動に走る青少年たちである。

現代の消費社会においては、消費する主体は大人ではなく青少年になっている。このような消費社会を元とする少年犯罪は、その多くが集団犯罪であり、それを動かす根本は集団心理である。その集団心理に巻きこまれて自分固有の意見を失って犯罪を起こすことになる。そしてすでに述べたように、集団では過激なものがその集団をリードすることになり、過激なものこそ勇気のある人間、力のある人間、という状態に陥ってしまう。また集団犯罪は、計画が充分に立てられていない。その時のいき当たりばったりであり、その時の状況や雰囲気で起こってしまうのである。

さらに青少年の場合には、集団心理にかかりやすいと述べたが、学問的に言えば被暗示性が高い、したがって集団の流れに飲み込まれやすいのである。この特徴が青少年の病理につながった時に、大きな事件になってしまうことが多い。校内暴力は、今の中学、高校を中心にして増えつつある。彼らの自由を抑制するのは、学校の教師、学校の規則の力、社会一般のモラルである。彼らはより「自由を求めて」自由を抑える力を破っていく。しかしそれは結果的に自由を失うことにつながるのである。

学校の授業の途中で学校を出て図書館でたむろし、やがてその近辺のホームレスを殺してしまった事件*が東村山であった。学校制度を無視し、社会の制度を無視し、授業中に町の公民館でたむろしていたことが、最終的には殺人という最悪の犯罪に至ってしまったのである。また、教師に対して皆で暴力を奮い、教師と生徒の関係を逆転させていることに快感を感じている少年たちも多い。これらはだいたい中学生を主としている。またバタフ

東村山ホームレス暴行死事件

二〇〇二年一月二五日、東京都東村山市で、ホームレスの無職男性が集団で暴行され、死亡した事件。一四歳の少年三人、一七歳の少年二人を逮捕、一三歳の少年一人を補導した。少年らは事件の前日、被害男性に図書館で注意されており、その腹いせに仲間を集めて暴行を計画、実行した。

ライナイフで女性教師を殺した黒磯市の事件*も先生への権威に対してあからさまに反抗した事件であった。

彼らにとって自由とは自分のやりたいことを発揮することであって、規則を守り、責任を持つなどは、およそ関係のないことである。つまり無制限の自由である。このような道徳的放縦で、倫理的に分別なき社会は、この戦後の繁栄する日本、及び先進国全体に見られるもので、行きすぎた自由を顕著に現しているものである。山形のマット死事件*も遊びのつもりで少年をからかっていたのだが、行き過ぎれば危険であるということを皆が意識しなかったために、彼は殺されてしまった。これは集団心理によって責任の所在が不明確となり、このような残酷な事件が起こってしまったものである。より激しいことをした人が英雄となりどんどんその行動が激しさを増していって、最終的には殺害に至ってしまうのである。これも抑制力の欠如であり、自由という名の無責任の現われでもある。またこのような集団心理による暴力抑制の欠如は、暴走族でもよく見られるものであり、一人一人はそれほど大きな問題がある青少年ではないのだが、オートバイや車でスピードやスリルが加速されると、彼らはその集団心理の中に巻き込まれてしまう。かつて、スピード、スリル、セックスという「スリーS」という言葉で青少年の行動を形容したものであったが、今でもそのことは変るものではない。ただその欲望の抑制の欠如は、かつてよりも激しくなってきている。

青少年こそ性的欲求が強く、コントロールが一番難しい時期である。かつては、女性の

女性教師刺殺事件

一九九八年、栃木県黒磯市の私立中学校で、当時一年の男子生徒が授業に遅れたことを注意され、当時二六歳の女性教師をバタフライナイフで刺殺した事件。

山形マット死事件

一九九三年一月、山形県新庄市の中学校で、当時一三歳（中学一年）の男子生徒がマットに巻かれた遺体で見つかった事件。被害者をマットに押し込んで放置したとして、当時一二から一四歳だった同校の一、二年生計七人は捜査段階で自白した後、関与を否定。少年審判後の抗告審で七人全員の関与が指摘され、一九九四年に確定。

遺族側による民事提訴に対し、一審・山形地裁判決（二〇〇二年三月）は、七人全員の関与を否定して請求を棄却。これに対し、二審・仙台高裁判決（二〇〇四年五月）は事件性を認定。自白の信用性も認め、七人に賠償を命じた。元生徒側はこれを不服として上告したが、第三小法廷は実質的判断は示さず上告を退けた。

性を大人が利用する構図、つまり大人が少女の性を売り込む形があった。しかし昨今は、子ども同士が性を積極的に売り、彼らはそれによって金を儲け、豪華なブランド物を買う、あるいはさまざまな高級品を買うというようなことが、実に顕著に見られるようになった。インターネットの出会い系サイトの場合も、中学三年生の男の子がそのサイトを立ち上げ、大人と中学生、高校生の女の子の出会いをつくり、リベートという形で商売をしていることが度々である。彼らの収入は、一ヶ月でおよそ六〇万円、七〇万円ほどであったと言われている。中学生で七〇万円の稼ぎというのは、大人もびっくりするものであるが、性を商品化するということは、それほどの価値になるのである。かくて、かつてのような大人が少女の性を売り物にするという構造ではなく青少年自身が少女の性を売り物にする構造が見られるようになった。この場合も、出会い系サイトを立ち上げたのは、中学三年生の仲の良い友達同士であり、知り合いの仲間を集めて活動していたのである。

また援助交際も女性の方が仕組むものであり、それに飛び込んでくるのが中高年の男性となっている。このような援助交際では、やはりうまくすれば女性は一ヶ月に四〇万円、五〇万円を稼ぐことは容易となっている。かつての女性は男性にとっての性の商品になることに対する罪悪感が強くあったが、昨今はまったく見られるものではなく、「平気だよ」と当の女性たちは言っている。あるソープランドで働いている女性は、週に三、四回働いているという。「毎日ではとても体力的にきつい」と言っている。「ソープランドは嫌じゃないの？」と聞くと、「まあ、ちょっと嫌だけど、お金が入るから」と言う。彼女の場合も一ヶ月に約六〇万円の収入となる。それでいて彼女は画家として生きていきたいと、デッサンなどを描いてきて私に見せてくれる。実にうまく、センスもある。ただしかし、それとソープランドとはどうも結びつかない。金を稼ぐ手段として彼女はソープランドを選んでいるのだが、そこにはかつての悲劇性はなく、うまく生きようとするだけのことである。罪悪感ももちろんない。このように性風俗に対する罪悪感がなくなったということも、性の商品化の結果であり、さらに性の商品化を進めていくインパクトともなる事実である。

しかしその性の商品化を青少年たちが行う場合には、どこかでやくざのような人たちが介入することがたびたびある。やくざとのつながりが多かれ少なかれ見られ、そして青少年たちはリベートを彼らに払うのである。また昨今の性風俗、及び援助交際などをする人は、貧困な人、あるいは家庭が乱れている人、とは限らない。そのような人が性風俗に入ることは当然多いが、父親も母親がちゃんとしている立派な家の子どもも、このような援助交際、テレクラ、ダイヤルQ２に入り、のめり込んでしまうことがよくある。単に金を稼ぐこと、自分と対等に話し合ってくれる人を見つけて楽しむこと、が主たる喜びのようである。

子どもをそのような世界から離したいということで私たち精神科医のところへ来る人がよくいるが、結局彼女たちは、「どうして悪いの？　お互いにそれでいいって言うんだからいいじゃない」と言うことがほとんどである。彼女たちは毎日朝帰りで、ちゃんとした両親にとっては、この朝帰りの娘を迎えることはたまらないことであると思われる。

ある中学生の女の子もその道に入り込んでいたのであるが、父親と母親がその娘を連れて来て、私の前で話し合うということになった。「どこが悪いの？」「どうして駄目なの？」という言葉に、父親も母親もたじたじであった。私は、「じゃあ君は中学を過ぎたら高校には行かず、このような道に行くんだ。大人にもてあそばれて、お金をもらってブランド品を買って、それが豊かな生活、安心できる生活なんだよね？　まあ、それも面白いかもしれないな、僕は知らないが」などと話しているうちに、その女の子は、「わかりました。援助交際はやめます。中学を出て、高校を出て、安心できる生活をしたいと思います」とわりと淡々とこの道から去ったものである。

淡々と入り、そして淡々と去ることができるのが、昨今の性の商品化の世界である。また、シンナー、覚醒剤、特に覚醒剤は、昨今青少年の間にきわめて多くなっている。覚醒剤は北朝鮮、中国などからわりと安く買えるルートがあるらしいので、青少年も手に入れやすくなったことが大きな原因である。覚醒剤を普通の家の青少年が使用することは少ない。安いといってもやはり多くの金を使うので、それなりの年齢の人でなければ買えないのであるが、それでも覚醒剤に近づく青少年は年々増えている。

ある有名な女優の息子が地下室で覚醒剤を使用していたことはよく知られているが、そこにたむろする青少年たちはその少年をうまく取り込んでその地下室を巣窟《そうくつ》化して覚醒剤を使用していた。大体覚醒剤は性風俗と絡んでおり、もちろん覚醒剤そのものの気分の高揚をねらっているのが主ではあるが、そこに性がともなっていることが多いのである。この女優の息子の場合、金に困ることはなく、いや、あり余るほどあり、覚醒剤は現実の苦痛から逃れるためというよりも、仲間と遊ぶための手段であった。彼の場合も現実逃避として覚醒剤を使っているところもあった。現実で自分が自立していくには多くの知識や訓練、辛抱、といったようなものが要求されるのである。このような辛抱、欲望の抑制、我慢、といったようなことができないことが彼らの姿である。

覚醒剤などは、やはり家庭が恵まれていないことが原因として多いと思われる。ある二二歳の女性は、父親に中学生の頃、再三レイプされたことを話していた。泣きながらそのことを訴えていたのである。母親はうつ病で自殺している。かくて彼女一人となって生活していたのであるが、援助交際、テレクラなどによって生活するものの、この覚醒剤によって苦しい現実から逃れる、つらい現実から逃れる、という意味があった。しかし話をしてみると、とても素直な子であり、覚醒剤の持つ悪い雰囲気はまったくないのである。やはり気の弱さから、覚醒剤に逃げていったものと思われる。それを治そうと必死な努力をしており、おそらく覚醒剤の世界からさようならができると私は思っている。また、慢性的な覚醒剤中毒者になっている二七歳の学生は、結婚もしないで独身であるが、目はうつろであり、外来に定期的に来るのであるが、判断力もままならず、完全に覚醒剤中毒の風情であった。彼も一応覚醒剤を止めようと外来に来るのであるが、もうすでに覚醒剤に相当侵されており、入院して覚醒剤が体からまったくなくなることをまずは目指さなければいけない。覚醒剤を抜いた後の生活の目標を考えなければ、覚醒剤依存を治すことは難しいだろう。

4　女子コンクリート事件

集団犯罪で衝撃的なのは、いささか古いが、一九八九年の足立区綾瀬で起きた女子高校生コンクリート詰め殺人事件だと考えられる。一七歳の女子高校生が、夕方、自転車で自分の家に帰る途中、四人の少年が計画を立て、暴力をふるう役と、それを助ける役、が組みになって、この少女をだまし、一人の少年の家に連れ込むこととなる。この主犯格は、やくざとつながりがあり、外見からも、暴走族、ないし凶暴な雰囲気を持っていた。このリーダーが仕組んだ暴行であり、他の三人の少年たちは彼の言うことをそのまま聞いて実行したものである。この女子高生は、暴力から助けられた形で主犯格の少年を信じるのであるが、やがてその主犯格の少年は、「お前を返すわけにはいかない」と別の少年の家の二階に連れていくのである。そして暴力、強姦、が繰り返された。この四人の少年たちは、一七歳の女子高校生を四〇日間も監禁し、暴行、強姦をした末に殺してしまった。しかも、ドラム缶の中にコンクリート詰めにして、捨てているのである。この事件の場合も、リーダーはきわめて凶悪であり、しかも力があり、知的レベルもかなり高い方であった。したがって、少年たちのリーダーとしてはずば抜けた指導力を発揮していた。そしてこのリーダーの残酷さもずば抜けており、そのために他の仲間たちは暴力を恐れつつも、その凶暴さに尊敬の念も持っていた。そして少年Aがこの女子高校生にふるう暴力、強姦なども、ほかの少年たちに「このようにしなさい」と示すようなものであり、暴力、強姦の有様は、彼らの前にまずリーダーが示したのである。このように残酷であることが、この少年たちのリーダーになることであり、それが素晴らしいと感じさせてしまうのである。この少年Aは、どちらかというと共感性が乏しく、精神病質人格と言えるものであり、そして体力がずば抜けてあったためにリーダーになりえたものであり、このような集団暴力の中でリーダーがいることによって初めて犯罪が成立してしまうのである。

しかしリーダーの家族歴を見ると、それほど普通の家と大きく違うものでなかった。夫婦仲は良くなかったが、この程度の夫婦仲の悪さはどこの家にもあるものである。したがって、家族歴や養育歴から彼の犯罪、及び精神病的なさまざまな思考を説明するのは難しいように思われる。やはり何らかの素質が環境と絡みながら、このような凶暴な性格が成立したものと思われる。またシンナーに夢中になっていて、判断力を失うことになった一つのきっかけでもあった。このリーダー格の少年は、女の人を強姦するときの気持ちを次のように述べている。「悪いことは自分にとっては楽しいことであるから、相手はどうであろうと、自分が良ければいい」「小学校五年くらいから悪いことはかっこいいことだと思っていたから、どんなに怒られても、口では反省してみせても、心では反省していませんでした。だから小学校五年のころから、悪いということはほとんどやっていました」

と堂々と述べているのである。まさに共感性の欠如である。

犯罪の様子をもう少し詳しく説明すると、リーダーが夜八時ころ自転車で帰宅途中の女子高校生を、「あの女を蹴れ」と言ったので、その仲間の少年たちは蹴飛ばして被害者は道路の脇に自転車もろとも倒れた。倒した少年が逃げた後、リーダーがその現場に現れて、「どうしました。この辺は危ないから僕が送っていきましょう」と言葉をかけ、近くの倉庫内に連れ込むと、態度を一変させた。「さっきの奴らとおれは、実は仲間だったのさ。お前のことをねらっていたんだ。おれは幹部だからおれの言うことをきけば、上の方に何とかとりなして、お前の命だけは助けてやる」と脅し上げた。ケンカや恐喝の場数をふんだリーダーの口調には、有無を言わさず相手を屈服させるだけの迫力はある。その女子高校生は、完全に相手の支配化に入り、タクシーでホテルに連れ込まれ、言われるままとなった［佐瀬、1990］。

その日の夜一〇時ころ、リーダーから仲間に電話がかかってきて、「女と一緒にいる。お前らやりたいか」などと言ってきた。リーダーの指示は何度か変わった末、「一一時にさっきバイクを借りた家の前に来い」と決まる。かくて三人の少年は指示にしたがった。やがてリーダーが被害者を連れてやって来る。合計五人になった一行は、夜の街をぶらぶら歩いた。リーダーは時折、「あ、ヤクザの車がきた。隠れろ」と言い、被害者をあらためて制圧する。仲間の二人は、リーダーの意図している演出については確かに知らないまま「この女とやれるのかな」と期待して後からついて行き、途中で「きみ、いくつ?」とたずねてみたりした。リーダーはその後一人で酒を飲んでいて、他の仲間と被害者を公園の中に置いているが、やがて公園の中にいたその仲間と被害者は、寒さに耐えきれなくなって、その仲間の一人は自分の家に被害者を連れていって、部屋に入った。監禁はこのようにして始まった。

その後二日ほどで、リーダーと仲間たちは、被害者を輪姦している。「被害者は、初めは『嫌だ』と言っていましたが、冗談を言ったり、話をしているうちに、『いいよ』と言われてやりました。ヤクザを恐がっていたし、『いいよ』と言ったのも、仕方なしに言うしかなかったんだろうなと思った」と言っている。その後、連日のように暴力と強姦が続くのである。リーダーは風邪薬を覚醒剤だということにして、皆で飲み、ラリったふりをしておそいかかるのである。声が漏れないように布団をかけ、次々と強姦したという。

被害者は時々脱出を図るのであるが、ことごとく失敗するのである。この家の家族も、女性がいることは知っていたが、救い出そうとするものの、その被害者の女性は動かなかった。それは、彼らにはヤクザがついていて、自分の家が全員殺されるということを信じきっていたからである。一度、母親の誘導で被害者の彼女は玄関を出ていったが、外にはすでに少年らが待機していた。そして両親が寝静まるのを待って、再び部屋に連れ戻したのである。その残酷なリーダーが、「お前、裸になって踊れよ。お前、ディスコ好きなんだろう」と言って踊らせた。また「信じてもらえるまでなんでもやります」と被害者の女性に言わせている。強姦、ないし輪姦によって、さらに彼らは暴力そのものを楽しむようになる。殴った顔が無残に腫れ上がると、このままに家に帰すとバレてしまう、と恐れ、やがてにっちもさっちもいかなくなる。ライター用オイルで焼いた傷跡が化膿してひどく匂うようになり、性的な興味を失う。「こいつ、なんとかならないのか」と身勝手な加害者意識が生まれてきて、それがまた暴力を呼んだ。仲間に加わったのは、さらにまた多く、一三人くらいの少年が含まれている。この女性が監禁されている事実は、少なくとも数十人が知っており、推定では百人以上の少年が知っていたのではないかと言われている。またある仲間が、被害者の女性をトイレに連れていったら、被害者が臭いという話になって、「自分たちがオイルをかけて火傷させたんです。膿が出ていて、その匂いが染みこんでしまうとMくんのお父さんやお母さんが怪しむから、もう一階に降ろせない」と言っていたという。やがて自分の力で彼女は階下のトイレに行くのも不自由な状態になり、目は判断できないほど腫れ上がり、足の部分など多数の箇所に火傷が治る間もなく化膿して、ぐったりとしていた。

このような衰弱状態になってから、彼女は間もなく死んでしまうのである。仲間のうち二人は、この死んでいる少女を見て、妙な声を上げて笑う。リーダーはとっさに、「これでもう彼女と一緒にはなれない。自分は殺人者で、彼女は殺人者ではない。だから一緒にはなれない」と述べ、さらに死を確認してからほとんど時間をおかず、リーダーが指揮して遺体の処理にかかる。リーダーは以前勤めていたタイル工務店に行き、モルタルと砂、ドラム缶など必要なものを調達した。かくてリーダーの指示でドラム缶に入れ、コンクリートに詰めて、よその場所に捨てに行ったのである。

引用・参考文献

小田 晋 2002 『少年と犯罪』 青土社
佐瀬 稔 1990 『うちの子がなぜ!』 草思社
読売新聞 二〇〇五年三月二三日 朝刊

おわりに

現代の青少年の心の闇を探ろうとするためには、極端な例の犯罪者の精神構造を分析することで、まずは一番端的にその問題点をつくことができる。『狂気の仮面』（『Mask of Sanity』）できわめて有名なハーヴェイ・クレックリー（Hervey Cleckley）は、精神病質（サイコパス）を明らかにし、この著書では一六個の精神病質の特徴を挙げている。まず、「表面的に魅力的な側面を持っている」、次いで、「信頼性が持てない」、三番目に、「誠実さに欠ける」、四番目に「自己中心性」、五番目に「哀れみの気持ちの欠如」、といったものである。その他、「人をだますのがうまい」とか、あるいは「失敗から学ぶものがない」、といったような項目をクレックリーはあげている。

クレックリーの指摘した側面というのは精神病質であるとは言え、「表面的には魅力的であるが、信頼できず、真実味がない、などは、現代の若者の心の闇、ないし病理の特徴でもある。また「自己中心的であり、人への思いやりがない」というのも、まさに現代の若者の姿であると言うことができるだろう。このクレックリーのサイコパスの考えをより洗練したのが、ロバート・ヘアー（Robert

Hare）である。彼は二五年もの年月をかけこの領域で優れた研究を残した。このヘアーがまとめた二〇項目の精神病質チェックリストを述べてみると、第一に「口が達者である」、二番目に「自分の価値について誇大的な価値を持っている」、三番目に「倦怠感に対して刺激を求める」、四番目に「病的に嘘をつく」、五番目に「人を操作する」、六番目には「思いやりや罪悪感が欠如している」、七番目には「感情が淡白」、つまり浅いということ、八番目には「共感性が欠如し、思いやりがない」、九番目には「寄生虫のような生活スタイルをしている」、一〇番目には「行動のコントロールが稚拙である」、一一番目には「手当たり次第に性的な行動を起こす」、一二番目には「子どものころから行動の問題がいろいろある」、一三番目には「現実的で長期間的な目標を持っていない」、一四番目には「衝動的である」、一五番目には「責任感がない」、一六番目には「自分の行動のために責任を受け入れることに失敗してしまう」、一七番目には「結婚期間が短い、つまりすぐに離婚する」、一八番目には「少年非行をしたことがある」、一九番目には「条件付きの自由を破る」、二〇番目には「犯罪面ではきわめて多彩である」である。この二〇項目をヘアーたちは取り上げ、それを得点化しているのである。

二〇項目は、我々現代人に多く類似していると言えるだろう。――口達者である、自分の価値が肥大している、退屈には刺激を強く求める、操作的である、哀れみの気持ちや罪悪感がない、感情が浅い、共感性がない、寄生虫的な生き方をする、行動のコントロールがうまくできない、長い期間をかけた人生の目標を持つことがない、衝動的である、責任感がない、約束を守れない、悪いことにかけてはきわめて器用な才能を持っている――現代の青少年の主たる問題がほとんど取り上げられていると言ってよいだろう。

ただ、単独犯罪と集団犯罪ではその心理に違いが見られる。集団犯罪では、悪い仲間同士ある種の共感性や親しみを持っている。まったく共感性がないと仲間から孤立してしまうからである。しかし、その仲間以外の人には、まったく共感性を持っていないのである。

一方、単独犯罪では、誰に対しても共感性を持つことがない。また集団犯罪では、自分は偉いという誇大感を持っているが、それはある意味でわれわれがわかる範囲内のレベルであることが多い。しかし、単独犯罪の場合の誇大感は、妄想的であり、幻想的であり、魔術的であり、かなり病的なものを含んでいる。また彼らは、感情が浅く、一貫した考えや思想を持っていない。しかし単独犯罪では、病的であれ一貫して何か固有の考えを持っている。また集団犯罪では、人の言葉に誘惑されやすい側面があるが、単独犯罪では、もちろん単独であるからということもあるが、自分固有の考えにしか影響を受けず、親や他人の説得にはまったく応じない。さらにまた集団犯罪では、単独犯罪と違って、インターネットなどを利用するということはあまり見られない。むしろ集団内で役割分担して、個人を襲ったり、からかったりするなど、お互いの分担に基づいてゲーム的に犯罪を起こす。

このように集団犯罪と単独犯罪とを分けて概観したが、どちらも現代青少年の心の闇の深さを表しているものである。集団犯罪に関わる者は外交的に外へ出ていき、仲間同士で集まり、共感性がなく、哀れみもないまま社会でぶらぶらと生活している。ただ彼らは、虚無感というものを、あえて感じないよう、はぐらかしているのであろう。しかし単独犯罪を起こす人は、他人の存在をまったく考慮せず、共感性の欠如は集団犯罪の場合よりも甚だしく、唯我独尊的であり、自分の考えのみで行動をしようとする。そして自尊心は、集団犯罪を起こす人たちよりも高い。しかし行動面で考えるならば、単独犯罪の人たちは、自分の内的な世界では誇大感が強いが、実は社会の中での劣等感がきわめて強いものがある。したがって単独犯罪は、「一生に一度の決断」といった、重い決断に基づいて犯罪を起こす。集団犯罪は、転々と犯罪を繰り返し行うものであり、その際、罪悪感がかなり希薄である。

現代の青少年の傾向は、かつての集団中心の病理の世界から、個人病理の世界にやや近づいているようにも思える。つまり唯我独尊的であり、自尊心が強く、人を無視し、共感性がまったく欠如し、自分独特の考えに閉じこもり、人の考えを受け入れようとしないものである。そして自分特有の世界ではきわめて知識を豊富にもっていて、自分の得意分野ではきわめて行動力もある。特にインターネットの世界では、そのような傾向が顕著に見られる。このような単独型の犯罪者に見られる問題点に近いものが、今の青少年の心の闇に多く潜んでいるように思われる。集団犯罪のようなものは、今でも非行少年たちに見られなくもないが、かつてよりはその件数は少なくなっており、そもそも少子化の中にあっては、手を組んで集団化することはきわめて難しくなってきている。したがって、現代の青少年の心も、単独犯罪型の心の傾向に向かっているように思われる。むしろ、単独犯罪の方が目立つといってよい。

単独犯罪では、行動傾向はいささか抑制的であり、あまり人の前で目立つようなことはしない。しかし、自分個人の世界では、だいたい空想、妄想の世界にいるのである。したがって、反社会性的な行動はあまりなく、出るときには一回きりということが多い。また衝動的とはいっても、目立った攻撃性を人前に出すことはない。攻撃性は、むしろ言語的に、あるいはインターネットを通してなどの形で発揮されるものである。また向こう見ずな行動が、ひきこもりの人たちに見られることは当然少ない。ただし無責任であることは事実である。

しかし、現代青少年の心の闇が、単独犯罪の病理の傾向に少しずつ近づいているとはいえ、即単独犯罪者のような幻覚、妄想、といった明らかな病理を持っていることには当然ならない。自己愛的な誇大性を抱き、自己中心的な空想世界を、彼らは生きているのではないだろうか。

もう一度まとめてみると、集団犯罪型は、衝動性が前面に出ているものである。単独犯罪型は、自己愛、誇大的空想、といったものが主であると同時に、対人関係の欠如があると言ってよいだろう。このように犯罪のタイプを二つに分け現代青少年のの心の闇を考えると、一つ目のタイプは衝動性や暗示性が顕著に見られること、二つ目のタイプは自己愛的で誇大的な空想が主であることである。この誇大的、空想的な者たちは、機械親和性が高く、インターネットなどを主な武器としている。

もちろんすべての人が極端な状況にいるわけではない。犯罪の二つのタイプと現代の社会的傾向を結びつけ、少年の心の闇に当てはめて考えを展開しているにすぎない。だが、多くの青少年が二つのタイプのどちらかに当てはまることも事実ではないだろうか。両方のグループに共通しているのは、共感性の欠如であるが、この共感性の欠如こそ、現代の若者に広く見られる特徴であり、機械親和性が強まるにつれて、その傾向がますます強くなっていくのである。また、このような傾向は、子ども同士の遊びの減少、及びそれを通して親しさを深く作りあうことの欠如、などが生み出している状況と言えるだろう。また衝動性の強さは、特に今の若者全般に共通に見られる現象であるが、暴力のみならず、性においてもきわめて衝動的である。援助交際、テレクラ、などが問題となっているが、日常の青少年の行動においても、男女の接し方はすぐにセックスに結びつくものがあり、そこには情緒性、共感性が欠如している。また集団型、単独型両方の犯罪のタイプに共通するのは、「虚無感」ではないだろうか。

集団犯罪型では、すべてが手に入る消費社会においては、もはや楽しむものがないという虚無感から犯罪のスリルに向かってしまう。愉快犯罪、あるいは劇場犯罪と言われるようなものである。そしてまた単独犯罪の場合も、対人関係のない中で、次第に自分の存在が希薄となり、現実感も希薄となり、そこにも虚無感が発生し、それを埋め合わせるような幻想、妄想が発生してくる。そこにあっても現実感が希薄であり、唯我独尊の世界が展開するだけである。こういった虚無感は、現代青少年の共通する感覚であり、彼らの非社会的な行動も、彼らからしてみれば虚無感から逃げるための行動でしかないのだろう。

それでは、このような虚無感、孤独、そこからくる衝動性を抑えるためには、どうすればよいのだろうか。まず基本的には、小学校三年生までのしつけがちゃんとしていることが重要である。だいたい小学校三年生までは、人間が行うことの基本をほぼ経験しているので、そこでまずしつけができ上がることが重要なのである。しつけを重視しない現代の親たち、教師たちのもとでは、子どもたちは思春期、青年期になった時、そのしつけができていないため、混乱した感情の渦にとらわれてしまうのである。さらに、対人関係の能力が低下することによって、より孤独になり、虚無的になっていく。それを防ぐためには、集団活動の活発化を心がけなければならない。さまざまなイベント、それも子どもたちが自分で作り上げるイベントがきわめて重要なものとなる。そしてまた、学校では運動会、学芸会、遠足、ピクニックといった集団活動の復活が重要なものとなる。またボランティアなどの活動、つまり、みんなで一緒に社会の役に立つことによって自分の存在価値を高め、喜んで他の人との連携ができるようになる。したがって、子どもたちの虚無感、子どもたちの対人関係の能力を高めるためには、ボランティアをうまく発展させいくことが、きわめて有効であると思われる。

町沢静夫

【著者略歴】

町沢静夫（まちざわ・しずお）

精神科医、医学博士。国立精神・神経センター精神保健研究所室長、立教大学コミュニティ福祉学部教授を経て、2004年より町沢メンタルクリニック院長となる。臨床経験は30年をこえる。著書多数。

◆シリーズ　こころとからだの処方箋◆　⑤

青少年のこころの闇
——情報社会の落とし穴——

二〇〇六年四月十日　第一版第一刷発行

著　者　町沢《まちざわ》静夫《しずお》〈町沢メンタルクリニック院長〉

発行者　荒井秀夫
発行所　株式会社ゆまに書房
〒一〇一—〇〇四七
東京都千代田区内神田二—七—六
振　替　〇〇一四〇—六—六三一六〇

印刷・製本　株式会社キャップ
カバーデザイン　芝山雅彦〈スパイス〉

ISBN4—8433—1817—5　C0311